Jürgen Schneider
Top oder Flop
Was gute Geschäfte
von schlechten unterscheidet

Unter Mitarbeit von Ulf Mailänder

🐜 Eichborn.

Die Deutsche Bibliothek – CIP-Einheitsaufnahme

Schneider, Jürgen:
Top oder Flop : was gute Geschäfte von schlechten unterscheidet /
Jürgen Schneider. – Frankfurt am Main : Eichborn, 2001
ISBN 3-8218-1647-3

© Eichborn AG, Frankfurt am Main, Oktober 2001
Umschlaggestaltung: Christina Hucke
unter Verwendung eines dpa-Fotos von Katja Lenz
Lektorat: Ulrich Callenberg
Satz: Fuldaer Verlagsagentur, Fulda
Druck und Bindung: GGP Media, Pößneck
ISBN 3-8218-1647-3

Verlagsverzeichnis schickt gern:
Eichborn Verlag, Kaiserstraße 66, D-60329 Frankfurt am Main
www.eichborn.de

Inhaltsverzeichnis

Einleitung 9

Gute und schlechte Geschäfte 13
Angst und Gier: Die beiden Triebfedern 16
Das System Schneider 19
Schuldenmachen oder: Von den Arabern lernen 21
Steuern zahlen – warum nicht? 24
Ein Plädoyer für das Schulfach Wirtschaft 25

Im Haifischbecken der Marktwirtschaft 27
Geld ist Macht 31
Achtung: Getretene Hunde beißen! 32
Lug & Trug sind allgegenwärtig 33
Betrug ist schwer nachzuweisen 39
Schnäppchenjäger 43

Von der Vision zum Erfolg 47
Gute Ideen reichen nicht aus 49
Ehrgeiz kommt nicht von ungefähr 50
Keine Angst vor der Angst 51
Die Zeit muss reif sein 52
Geld ist Sprit im Tank 53
Positive Verrücktheit 54
Statussymbole 55
Neider 56
Charisma und Teamgeist 57

Risikofaktoren und Schicksalsschläge 63
Die Macht der Medien 63
Und immer droht der Knast 66
GmbH statt GBR 68
Das ideale Portfolio 70
Nachfolgeregelungen und Erbe 72
Konkurse gehören dazu 75

Wölfe im Schafspelz: Die Banken 77
Bürokratie und Blendwerk 79
Spitzbube Bank 80
Bloß nicht beeindrucken lassen 84

Die Kunst des Verhandelns 87
Sich auf den Stuhl des anderen setzen 88
Verhandlungstricks 91
Verträge zwischen Großen und Kleinen 94
Die vier Waffen des Kleinen 95
Die Macht des Zahlers 98

Der Bauherr – vieler Herren Knecht 99
Grundstückskauf 99
Bauplanung 101
Ausführung 102
Finanzierung 105

Die Tücken des Umgangs mit 107
... Architekten 107
... Handwerkern 110
... Rechtsanwälten und Notaren 112
... Steuerberatern 116

Die wirklichen Werte 119
Fünf Arten der Moral 119
Macht und Moral 120
Von Mephisto lernen 123
Preise und Werte 124
Hoffnung ist das beste Geschäft 126
Selbstbetrug 127
Ein Freund, ein guter Freund 129

Einleitung

Top oder Flop – diese Frage stellt sich für alle, die wirtschaftlich denken und handeln, heute dringender denn je. Nicht nur Anfänger, auch Vollblut-Geschäftsleute machen immer öfter die Erfahrung, dass vermeintlich sinnvolle wirtschaftliche Entscheidungen und Handlungen sich im Rückblick als Katastrophenprogramm erweisen. Großer Erfolg und jäher Absturz liegen stets nah beieinander – wie einige Firmengeschichten aus der New Economy erst kürzlich erneut unter Beweis stellten.

Viele kleine und mittelständische Unternehmer sehen sich von den Konzentrationsprozessen in der Wirtschaft und der Globalisierung in ihrer Existenz bedroht. Gleichzeitig ist das gesellschaftliche Klima rauer geworden: Mündliche Absprachen werden immer häufiger gebrochen, immer mehr Menschen fühlen sich als Betrogene und werden mehr oder weniger widerwillig zu Betrügern – nicht zwangsläufig im strafrechtlichen Sinn, aber auf alle Fälle in moralischer Hinsicht. Manche richten sich sogar häuslich in dieser Haltung ein – nach der Devise: »Frech kommt weiter« oder: »Nach mir die Sintflut«.

Gute Geschäfte zu machen ist heutzutage eine Kunst, die nur wenige beherrschen. Um so dringlicher stellt sich die Frage, was das eigentlich ist: ein gutes Geschäft? Was haben anständige Geschäfte mit guten Geschäften zu tun? Lässt sich das wirtschaftlich gute, sprich profitable Geschäft mit dem moralisch guten verbinden, oder muss man zwangsläufig moralische Kompromisse machen? Gibt es Merkmale für das eine oder andere? Was kann ich selbst tun, um beim Geschäftemachen auf der sicheren Seite zu sein? Zu diesem

Thema jemanden zu fragen, der in beträchtlichem Maße mit beiderlei Art von Geschäften zu tun hatte, liegt nahe.

›Doc‹ Schneider, wie ihn die Bild-Zeitung nennt, hat sich bislang vor allem als Mann der Praxis hervorgetan – davon zeugen Baudenkmäler in Leipzig ebenso wie das größte Wirtschaftsstrafverfahren der Nachkriegszeit. Er ist eine umstrittene Figur – für die einen ist er ein moderner Hauptmann von Köpenick, der die Autorität der Banken in Frage stellte, für die anderen ein betrügerischer Pleitier, der seine Eitelkeit auf dem Rücken unschuldiger Handwerker austobte, wieder anderen gilt er als vorbildlicher Denkmalschützer.

Eines lässt sich jedoch nicht bestreiten: Jürgen Schneider ist ein Unternehmer, der mit allen Wassern gewaschen ist, einer, der ganz oben und ganz unten war. Er kennt die Erfolgsgesetze des Geschäftslebens ebenso wie seine Fallstricke.

Schneiders Fall, der schließlich zum Sturz wurde, ging weltweit durch die Medien. Er konnte als Unternehmer nur groß und mächtig werden, weil er noch viel größere und mächtigere Partner hatte. Bis heute ist die Verstrickung der Banken in die Pleite ungeklärt – bei so mächtigen Institutionen hatte es auch die deutsche Justiz nicht leicht mit der rückhaltlosen Aufklärung.

Wie auch immer es um die Mitschuld der Banken steht – Schneider ist sich als Person im extremen Auf und Ab des Lebens treu geblieben. Im Gegensatz zu vielen anderen hat er sich zu seiner Schuld bekannt, seine Strafe ohne Murren abgesessen. Sein zweifelhafter Ruf macht ihn heute zu einer schillernden Person, denn so unstrittig wie seine Vergehen sind auch seine Verdienste.

Als »Haifischbecken« diagnostiziert Schneider in dem vorliegenden Werk ein Wirtschaftssystem, das normalerweise »soziale Marktwirtschaft« genannt wird. Seine Kernthese lautet: Wir alle machen täglich einen Balanceakt auf Messers Schneide durch, wenn wir sowohl geschäftlich erfolgreich als auch menschlich anständig handeln wollen.

Schneider weiß, dass er sich auf heikles Terrain begibt, wenn er seine Erfahrungen publiziert: Seine Weste ist nicht weiß genug, um das Gute glaubhaft predigen zu können, aber sie ist auch nicht so schwarz, als dass er das Schlechte unwidersprochen hinnehmen müsste.

Schneiders Lehren decken sich nicht zwangsläufig mit Erkenntnissen der Wirtschaftswissenschaften, zum Teil gehen sie darüber hinaus, zum Teil widersprechen sie ihnen sogar. Hier predigt einer nicht, wie es im Idealfall in der Wirtschaft zugehen sollte, sondern schildert aus eigener Erfahrung, wie es wirklich ist. Und das ist nicht nur für Studierende und Lehrende in den Wirtschaftswissenschaften interessant. Seine Erfahrung ist wertvoll für alle, die sich auf dem Marktplatz bewegen – egal, ob dort Äpfel, Aktien, Arbeitsplätze, Grundstücke, Gesetzesauslegungen, Kredite oder ganze Unternehmen gehandelt werden.

Ulf Mailänder

Erfahrung heißt Reichwerden durch Verlieren
Ernst von Wildenbruch

Gute und schlechte Geschäfte

Für einen Mafiosi sind gute Geschäfte etwas anderes als für den hanseatischen Kaufmann, und dieser beurteilt Geschäfte wieder anders als ein Unschuldslamm.

Ein Mafiosi schert sich nicht um die geschriebenen Gesetze des Landes, in dem er lebt, und seine Moral ist nicht die der zehn Gebote. Gleichwohl zählen Werte wie Verlässlichkeit und Verschwiegenheit auch für ihn. Wer sie bricht, wird hart bestraft und verliert seine Ehre – eben das, was unserem Ex-Kanzler Kohl über den demokratischen Eid geht. Für den Mafiosi ist ein gutes Geschäft vor allem eines, das seine eigene Machtposition innerhalb des Clans bestätigt und ausbaut. Solange Mafiosi untereinander Geschäfte machen und sich dabei an den Ehrenkodex halten, sind alle Beteiligten zufrieden – selbst wenn Außenstehenden mit anderen Wertorientierungen dabei Ungerechtigkeiten und Übervorteilungen ins Auge fallen.

Der hanseatische Kaufmann dagegen ist ein bescheidener Mensch. Er beachtet die zehn Gebote ebenso wie die Gesetze seines Staates. Ihm ist die Zufriedenheit der Kunden und seiner Geschäftspartner wichtiger als die Maximierung seines Profits. Er denkt langfristig und gibt sich mit kleinen, aber stetigen Margen zufrieden. In schwieriger Lage, etwa wenn seine Branche kriselt oder unerwartete Forderungsausfälle ins Haus stehen, geht er entweder ehrenhaft unter oder wechselt das Lager. Auch hier gibt es nur Gewinner, solange die hanseatischen Kaufleute unter sich bleiben.

Am besten und leichtesten sind Geschäfte unter Unschuldslämmern. Ihnen ist jede Übervorteilungsabsicht fremd, sie übervorteilen sich gegenseitig höchstens aus Naivität und sind jederzeit bereit, ein Geschäft rückgängig zu machen, wenn ein Partner unzufrieden wird. Leider ist dieser Typ von Geschäftspartner in der Marktwirtschaft kaum verbreitet – deshalb gibt es nicht viel darüber zu erzählen.

Die meisten schlechten Geschäfte entstehen daraus, dass Menschen mit unterschiedlichen Wertvorstellungen auf dem Marktplatz zusammenstoßen. Dann kann es sogar vorkommen, dass beide Parteien ein schlechtes Geschäft machen: Der eine, weil er vielleicht zu wenig Gewinn gemacht hat, der andere, weil ihm die Vorgehensweise seines Geschäftspartners übel aufgestoßen ist.

Wer dem Unterschied von guten und schlechten Geschäften auf die Spur kommen will, sollte sich daher bei seiner geschäftlichen Tätigkeit nicht nur fragen, ob Produkt oder Leistung stimmen, sondern sich vor allem für den Charakter und die Wesensart seiner Geschäftspartner interessieren. Mafiosi, hanseatische Geschäftsleute und zu einem geringen Teil Unschuldslämmer gibt es auf jedem Marktplatz und in jeder Branche – wobei die zahlenmäßige Verteilung durchaus differiert. In manchen Branchen – etwa dem Bau- oder dem Geldgewerbe – ist der Mafiosi-Typ so stark verbreitet, dass alle anderen Arten weggebissen werden.

Wenn ich mich rechtzeitig für die Charaktere der Menschen interessiert hätte, die mich geschäftlich umgaben, wäre mir mancher Missgriff erspart geblieben. Aber dazu hätte ich auch meinen eigenen Charakter gründlicher kennen müssen – und diese Chance gab mir erst der Sturz ins Bodenlose und die anschließende Erfahrung, im familiären Beziehungsnetz aufgefangen zu werden.

Dass auch ein wirklich gutes Geschäft langfristig üble Konsequenzen haben kann, zeigt ein Beispiel aus meiner Geschäftskarriere, der Verkauf des Frankfurter Fürstenhofes für 435 Millionen an die Japanische Bank im Jahre 1992. Ich schöpfte damit ca. 200 Millionen Gewinn für mein Unternehmen. Die Japanische Bank – damals blühte noch das japanische Wirtschaftswunder – hatte mit dem Fürstenhof einen sehr repräsentativen Standort in Deutschlands Bankenstadt erstanden. Deutsche Politiker kämpften zu dieser Zeit um den Standort Frankfurt als Sitz der Europäischen Zentralbank; dieses Geschäft war Wasser auf ihre Mühlen. Die Denkmalschützer waren glücklich, denn eines der repräsentativsten historischen Gebäude bekam wieder eine städtische Funktion. Die Deutsche Bank war froh, dass ihr weltweit größter, privater Kreditkunde Erfolg bewiesen hatte. Eine ideale Situation. Das Produkt war gut, das Umfeld zufrieden, und beide Vertragspartner machten ein gutes Geschäft. Nach meinem damaligen Verständnis waren alle Kriterien eines guten Geschäfts erfüllt.

Aber genau durch dieses Geschäft war mein Höhenflug nicht mehr zu bremsen – die großen, dreistelligen Millionenkredite wurden mir erst gewährt, nachdem ich dieses Traumgeschäft realisiert und damit meine Geschäftstüchtigkeit unter Beweis gestellt hatte. Das gute Geschäft hatte also einen gewaltigen Haken: Es beflügelte meinen Übermut und verführte mich zu schlechten Nachfolgegeschäften.

Heute stimmte ich dem kleinen Kioskbesitzer zu, der mir neulich auf die Frage, was er unter einem guten Geschäft verstehe, kurz und bündig antwortete: Was ehrlich ist und auf Dauer betrieben werden kann. Solche Geschäfte zu betreiben, wenn man erst mal mit der Mogelei begonnen hat – das ist fast ein Ding der Unmöglichkeit.

Angst und Gier: Die beiden Triebfedern

Die meisten Entscheidungen, die in unserem Wirtschaftsleben gefällt werden, beruhen auf Angst oder Gier. Mal abgesehen davon, dass Angst vor realen Gefahren warnen und Gier große Kreativität freisetzen kann, sind sie keine guten Ratgeber. Angst und Gier machen nämlich blind. Die Angst führt zu negativen Übertreibungen: Vor lauter Pessimismus sieht man nicht mehr die Chancen, die in einem Geschäft stecken, lässt den Kopf hängen, zieht sich voreilig und überstürzt aus einer Sache zurück. Bei der Gier ist es genau umgekehrt: Man sieht nur die positiven Aspekte, blendet die Risiken aus, verfällt in euphorischen Überschwang und riskiert mehr, als man verschmerzen kann.

Solange man sich im Kreislauf von Angst und Gier bewegt, wird man langfristig immer ein Verlierer sein – auch wenn es »nur« ein gutes Leben, harmonische Familienbeziehungen oder die physische oder psychische Gesundheit ist, die man als Preis für den Erfolg zahlt.

Wie aber kann man sich aus dem Kreislauf von Angst und Gier befreien? Zunächst einmal muss man erkennen, dass man sich darin befindet. In meiner Milliardärszeit war mir die psychische Lage, in der ich mich befand, kaum bewusst, ich wurde zwischen beiden Zuständen mehr oder weniger willenlos hin und her geschaukelt. Im Wechselbad der Gefühle gab es keinen Ausgang, es gab nur ein Weitermachen. Erst der abrupte Ausstieg und die anschließende Bedenkzeit im Gefängnis bescherten mir einen Einblick in das Spiel und ließen mich erkennen, welchen Stellenwert der Betrug darin einnahm.

Wer mogelt, bedient zunächst seine Gier. Durch die Mogelei wird ein Geschäft, das ohnehin lukrativ ist, noch besser. Aber nicht nur die Gier intensiviert sich durch die Mogelei, sondern auch die Angst – denn mit dem Mogeln ist immer die Gefahr des Ertapptwerdens verbunden. Die Mogelei bietet sich als bequeme Abkürzung an – gerade dann, wenn der Erfolg darin besteht, sein Scheitern vorerst abzuwenden. Damit aber tappt man in eine selbstgestellte Falle, die sich erst auflöst, wenn man alle Hoffnung aufgeben musste und die Katastrophe eingetreten ist. Dabei spielt es keine Rolle, ob es um den Verlust eines Milliardenvermögens oder vergleichsweise kleiner Summen geht. Wichtig ist nur, dass der Betrag für einen selbst bedeutsam ist. Erst wenn die persönliche Schmerzgrenze erreicht und das Eingeständnis des Scheiterns unumgänglich ist, wird der Übergang in eine neue, bewusstere Existenz möglich. Erst dann zeigen sich Gier und Angst als Blindmacher – und diese grundlegende Erfahrung steht als Gewinn dem materiellen Verlust gegenüber.

Deshalb sollten Sie sich keine Sorgen machen, wenn Sie nach mehr oder weniger gründlicher Selbstanalyse feststellen, dass Angst und Gier die Triebfedern Ihres geschäftlichen Handelns sind. Das ist völlig normal, und es bedarf eines langen Weges, um diesem Kreislauf zu entrinnen. Vielleicht hilft mein Beispiel Ihnen dabei, Ihre Ängste auf ein akzeptables Maß herunterzufahren, denn ich bin der lebende Beweis dafür, dass es eine Existenz nach Erfolg und Scheitern gibt. Und vielleicht hilft es Ihnen auch, Überlegenheit gegenüber Ihren Partnern und Konkurrenten zu demonstrieren.

Ob man den Kreislauf von Angst und Gier bewusst wahrnimmt oder ihm einfach nur ausgeliefert ist, kann zum Zünglein an der Waage zwischen gutem oder schlechtem Geschäft werden. Dazu haben die Manager aber in der Regel keine Zeit – und deshalb werden auch immer wieder gravierende Fehlentscheidungen von hochkompetenten Managern getroffen, die ihre Unternehmen an den Rand des Ruins oder darüber hinaus führen. Nehmen wir als Beispiel die Versteigerung der UMTS- Lizenzen: In Erwartung eines großen Geschäfts mit neuartigen, mobilen Informations- und Unterhaltungsangeboten, die übers Handy abrufbar sein sollten, überboten sich im Jahr 2000 die Manager der größten Telefongesellschaften gegenseitig darin, unserem Finanzminister Eichel das Säckel zu füllen. Am Ende kamen hundert Milliarden Mark zusammen, die über Jahre hinweg in den Bilanzen der Telefongesellschaften tiefrote Zahlen hinterlassen werden. Nach kurzer Zeit stellte sich heraus, dass weder die technische Anwendung ausgereift war, noch eine übermäßige Nachfrage nach mobilen Informationsdiensten bestand. Ob sich die Investition jemals amortisiert oder einfach abgeschrieben werden muss, ist noch ungewiss. Momentan ist der Katzenjammer groß – man spricht ernüchtert vom UMTS-Rausch. Aber als sie besoffen waren vor Gier, posaunten dieselben Manager in die Welt hinein: Wir müssen mithalten im Wettbewerb der Zukunft. Hätten sie damals schon gemerkt, wie die Gier ihre Wahrnehmung vernebelt, hätte unser Finanzminister nicht ganz so viel zu lachen gehabt. Ein Gutes hat die Sache: So kommt das verzockte Aktionärsvermögen auf Umwegen der Allgemeinheit zugute. Deshalb meine Empfehlung: Wenn das Eldorado am nächsten scheint, erstmal tief durchatmen und Abstand gewinnen.

Das System Schneider

Meine Taten sind bekannt – im Guten wie im Schlechten. In der Öffentlichkeit wurde ich als Baulöwe gefeiert und als Wirtschaftskrimineller gebrandmarkt. Immerhin rechneten es mir die seriöseren Medien hoch an, zu meinen Taten gestanden und mich nicht, wie üblich, feige aus der Affäre gezogen zu haben. Seitdem teilt sich das Volk in mehr oder wenige heimliche Sympathisanten und verdeckt agierende Gegner.

Das System Schneider funktionierte im Grunde ganz einfach. Ich wusste, wie man die Banken dazu bewegen konnte, meine Projekte so zu finanzieren, dass für mich ein Überschuss dabei heraussprang, den ich wiederum verwenden konnte, um meine Bonität zu erhöhen – und erneute Kredite zu beantragen. Zu Hilfe kamen mir dabei die allgemeine Wertentwicklung von Immobilien sowie meine Fähigkeiten, beim Bauen die Kosten zu drücken. Ich war ein knochenharter Bursche, wenn es darum ging, möglichst viel Leistung für möglichst wenig Geld von meinen Handwerkern zu bekommen. Ich durchschaute ihre Tricks – denn die meisten hatte ich selbst angewandt, und wenn einmal jemand sich etwas Neues einfallen ließ, empfand ich Bewunderung.

Was die grundsätzliche Haltung angeht, findet man Betrüger fast überall im Wirtschaftsleben. Jedenfalls erheblich leichter, als wenn man ehrliche Gesellen sucht. Das Wissen um bestimmte, nicht ganz koschere Tricks ist die Eintrittskarte in die meisten Kreise, in denen fundamentale Geldentscheidungen getroffen werden. Wenn zwei oder mehr Spitzbuben sich zusammentun und ihr gemeinsames Mogelpotenzial aktivieren, um eine Spekulation auf die Zukunft durchzuführen, können sie sich sogar unschlagbar wähnen. Aber wehe, die Spekulation geht nicht auf – dann zerbricht das Komplott, und der Schwächere zieht den Kürzeren.

So erging es auch mir: Solange die Geschäfte der Banken mit mir gut liefen und die Zukunftsaussichten rosig waren, interessierte sich niemand für eine detaillierte Prüfung meiner schönfärberischen Angaben – erst als zu Beginn der neunziger Jahre dunkle Konjunkturwolken den Immobilienhimmel verdüsterten und die blühenden Landschaften im Osten sich als Fata Morgana erwiesen, wurden die Daumenschrauben in Form von Kontrollen angezogen.

Auch wenn ich auf der Spitze meines Erfolgs als Baulöwe von den meisten Menschen als Großer angesehen wurde, war ich doch klein im Vergleich zu meinen Partnern. Meine einzige Chance bestand darin, »too big to fall« zu werden. Ich wusste, dass die Banken meine bis dahin begangenen Mogeleien solange toleriert hatten, wie sie mit mir Geschäfte zu machen hofften, und darin lag auch für sie ein gewisses Risiko, mich hochgehen zu lassen.

Dieselben Gesetze sind auch in kleinerem Maßstab wirksam. Wer sich als kleiner Unternehmer mit größeren einlässt, wird im Zweifelsfall aufgefressen. Die einzige Chance des Kleinen liegt wie im Dschungel in seiner Wachsamkeit – und darin, den Großen durch Wendigkeit zu foppen. Wie beim Märchen vom Hasen und dem Igel kommt es darauf an, nicht dort zu sein, wo der andere einen vermutet.

Schuldenmachen oder: Von den Arabern lernen

Egal, ob man ein Unternehmen gründen, ein Haus bauen oder ein neues Produkt einführen will – in der Regel geht das nicht ohne Schulden. Nur wer viel Geld geerbt oder das große Glückslos gezogen hat, kommt ums Schuldenmachen herum. Natürlich kann man auch Schulden aus steuerlichen Gründen machen, um das eigene Kapital zu schonen, Zinskosten zu produzieren und damit die eigene Steuerlast zu senken – aber das ist eher die Ausnahme als die Regel und kann auch gefährlich werden.

Die meisten Menschen zwingt der Liquiditätsbedarf zum Schuldenmachen – und damit sitzen sie in einer Falle. Einerseits brauchen sie den Kredit zum Weitermachen, andererseits verlieren sie ein Stück ihrer Freiheit durch die Schulden. Jeder Kredit stellt einen Handel mit der ungewissen Zukunft dar. Der Schuldner denkt: Wenn alles nach Plan läuft, kann ich mir die Schulden leisten. Aber wenn etwas schief läuft, steht er dumm da. Deshalb kann ich nur allen raten, die Schulden machen wollen: Schützen Sie Ihre Familie, Ihre Freunde und möglichst auch sich selbst durch Haftungsbeschränkungen.

Natürlich sind Haftungsbeschränkungen aus der Position des Schuldners nicht leicht durchzusetzen, besonders wenn der Gläubiger eine Bank ist. Die Bank wird alles tun, um den Kredit zu übersichern. Diese an sich skandalöse Praxis gerät zum Glück zunehmend beim Bundesverfassungsgericht ins Schussfeld der Kritik – denn sie ist alles andere als verbraucherfreundlich.

Meine Strategie, mich gegen Übersicherung zu wehren, war die Überfinanzierung. Ich verschaffte mir also auf eine Sicherheit mehr Kredit, als sie zum Auszahlungszeitpunkt wert war. Das Wertsteigerungspotenzial (also die Zukunft) wurde quasi mitbewertet. Eine Überfinanzierung gelingt nur dann, wenn man die Sicherheit schönt und wenn aufgrund einer besonderen konjunkturellen Lage bei den kreditgebenden Banken ohnehin die Neigung zu überhöhten und unvorsichtigen Wertansätzen besteht. Den überfinanzierten Betrag deponierte ich auf meinem Festgeldkonto. So schlummerte die Zukunft in meiner Kasse und nicht in der Kasse der Bank. Der Bank konnte ich wiederum dieses Konto als Bonitätsbeweis vorweisen, um weitere Kredite zu erhalten. In diesem Spiel wurde Geld zu einer geliehenen Macht, die mir bei einem guten Konjunkturtrend die Möglichkeit für noch größere Projekte eröffnete, aber bei einer Trendumkehr nur zur Überbrückung eines kleinen Konjunkturtiefs reichte.

Ob sich wirtschaftliche Zukunftsprognosen erfüllen, ist immer abhängig von der konjunkturellen Entwicklung. Seit dem letzten Jahrzehnt dreht sich das Wirtschaftskarussell erheblich schneller, und damit ist das Risiko fürs Schuldenmachen entsprechend gestiegen. In einer Wirtschaft, deren Rotationsgeschwindigkeit durch verstärkten Einsatz neuer und alter Medien ständig zunimmt, sind Zukunftsentscheidungen grundsätzlich mit hohem Risiko verbunden, ganz anders als in einer Wirtschaft mit langsamen konjunkturellen Zyklen, wie sie bis Mitte der achtziger Jahre vorherrschte.

Daher ist es nicht einzusehen, warum der Schuldner das Zukunftsrisiko allein tragen soll. Zum Glück setzt sich in der Wirtschaft immer mehr das Beteiligungsdarlehen durch. Etwa in einer Immobilien AG, die durch die neue Steuergesetzgebung gefördert wird: Ein Partner bringt die Idee, die Mannschaft oder das Grundstück mit und der andere Partner das Geld. Risiko und Ertrag werden anteilig auf beide Partner verteilt. So ist es gerecht.

Diese Form des Darlehens hat eine lange Tradition. Bei den Arabern, deren Religion das Zinsnehmen verbietet, ist das Beteiligungsdarlehen die übliche Form der geschäftlichen Investition. In der Praxis kann das so aussehen, dass der Scheich das Geld für ein Hotel als Darlehen gibt und der deutsche Bauunternehmer das Objekt dann baut. Beiden gehört es und beide tragen das Risiko gemeinsam.

Im Erfolgsfall stehen Sie zwar mit Schulden besser da, denn diese sind dann leicht zu tilgen und Ihnen gehört alles. Da man aber alle Risiken und sogar die unwahrscheinlichsten Imponderabilien ins Kalkül ziehen muss, ist die Beteiligung anderer grundsätzlich vorzuziehen.

Wenn ich auf diese Weise mit den Banken ins Geschäft gekommen wäre – wie anders stände ich heute da! Zwar hätte ich auch auf diese Weise mein Vermögen eingebüßt – aber wenigstens wäre allen klar, dass meine Bankpartner und ich in einem unternehmerischen Boot saßen. Wir hätten beide den geschädigten Handwerkern die Leistung bezahlen müssen, die in den Häusern steckt. Stattdessen haben die Banken sie billig mit Steuervorteilen übernommen.

Steuern zahlen- warum nicht?

Wer Steuern verkürzt, kommt sich unheimlich clever vor. Die Großen machen es vor mit ihren Mogeleien. Je größer das Gewerbe, desto größer der steuerliche Gestaltungsspielraum, sprich die Mogelmöglichkeit – und warum sollte man das nicht nachahmen?

Aber das Finanzamt zu bescheißen, lohnt sich in der Regel nicht, weder moralisch noch finanziell. Fehlinvestitionen des Staates aufgrund mangelnder Kompetenz seiner Beamten sollten Unternehmer nicht zu der Annahme verführen, der Staat sei eine überflüssige Einrichtung. Immerhin repräsentiert er das Gemeinwohl – und Unternehmen sollten schon aus egoistischen Gründen am Wohlergehen ihres geschäftlichen Umfelds interessiert sein. Und was das finanzielle Risiko angeht – Nachforderungen des Finanzamts treffen meistens ein, wenn ein Unternehmen ohnehin angeschlagen ist.

In steuerlicher Hinsicht hatte ich mir nie etwas vorzuwerfen – beim Konkurs meiner Firma bekam ich sogar mehr als acht Millionen Mark zuviel gezahlter Steuern zurück.

Auch die neunmalklugen Steuersparmodelle haben sich schon oft als Bumerang erwiesen. Die meisten laufen auf Betrug hinaus – davon wissen Anleger in geschlossenen Immobilienfonds viele traurige Lieder zu singen. Meist spart man am Anfang erhebliche Steuern, um dann kräftig draufzuzahlen.

Dabei ist die Grundidee der Steuersparmodelle nicht falsch. Der Staat lenkt mittels Steuerverordnungen die Geldströme in solche Bereiche der Wirtschaft, die ohne Anreize verkümmern würden. Doch das hat Tücken, da der Gesetzgeber die Zukunft ebenso wenig kennt wie der Unternehmer. So kann es vorkommen, dass die Blutinfusion beim kranken Patienten das Hinscheiden eher beschleunigt als aufhält. Aber auch die geförderten Projekte bergen Durchführungsrisiken: Beim steuerbegünstigtem Denkmalschutz haben schlecht kalkulierbare Baukosten und schwere Vermietbarkeit schon vielen Investoren den Ruin gebracht. Selbst erfahrene Profis müssen aufpassen, dass sie sich nicht die Finger verbrennen.

Daher mein Tip für Risikobewusste: Lieber Steuern zahlen als Steuern sparen.

Ein Plädoyer für das Schulfach Wirtschaft

Bei allem Pochen auf Selbstverantwortung – auch gutes Wirtschaften will gelernt sein. Auch wenn niemand ein unternehmerisches Genie anerzogen werden kann, das er nicht im Blut hat, ist es Aufgabe der Staates, dafür zu sorgen, dass seine Bürger wenigsten die elementarsten Regeln des Geschäftslebens beherrschen. Und wo könnten sie es besser lernen als in der Schule?

Um so verwunderlicher ist es, dass das Schulfach Wirtschaft, dessen Einführung übrigens auch vom Bundesverband der Banken gefordert wird, noch immer nicht Einzug in die Schulen gehalten hat. Viel menschliches Leid ließe sich verhüten und großer volkswirtschaftlicher Verlust vermeiden, wenn die Menschen darin geschult würden, gute von schlechten Geschäften zu unterscheiden, und Haushaltsplanung, Risikoabschätzung und den Umgang mit Geld systematisch erlernten. Aber: Das würde auch die Spitzbuben-Wirtschaft untergraben, die sich als Marktwirtschaft tarnt. Mit der Dummheit wären weniger Geschäfte zu machen – und das wäre eine ernsthafte Bedrohung für das Bruttosozialprodukt.

Im Haifischbecken der Marktwirtschaft

Jeder Insider weiß: Marktwirtschaft ist ein ausgeklügeltes System der Übervorteilung, das Habgier und Raffinesse belohnt, ein riesiges Haifischbecken, in dem der Starke den Schwachen frisst. Ehrliche haben einen schweren Stand.

Zum Teil macht das die Stärke dieses Systems aus: Was nicht funktioniert, wird ausgemerzt, und Erfolg hat nur, wer Stärke zeigt. Stärke kann sich äußern in guten und innovativen Produkten, persönlicher Durchsetzungskraft der Führungskräfte, intelligenten Verkaufsstrategien. Aber Stärke bedeutet auch, besonders wenn die Konkurrenz und der Erfolgsdruck groß sind: die Bereitschaft, die Ellenbogen zu gebrauchen, Skrupellosigkeit sich selbst und anderen gegenüber, gnadenlose Gier und hemmungslose Selbstüberschätzung.

Die beiden Seiten sind nicht voneinander zu trennen. Als Ex-Unternehmer habe ich an Leib und Seele erfahren, wie es sich anfühlt, große Räder wie im Rausch zu drehen und von noch größeren Rädern zu träumen. Immer die Angst vorm Untergang im Nacken, blieb mir keine ruhige Sekunde, mich grundsätzlich mit dem System auseinanderzusetzen. Zum Glück bescherte mir das Scheitern dann Muße im Überfluss. Da fiel mir so mancher Schmöker in die Hand, den ich früher nur vom Hörensagen kannte. Systemkritiker gibt es ja nicht erst seit gestern, nur haben die meisten von der Praxis keinen blassen Schimmer.

So wußte schon Marx: »Das Kapital hat einen Horror vor der Abwesenheit von Profit oder sehr kleinem Profit, wie die Natur vor der Leere. Mit entsprechendem Profit wird Kapital kühn. Zehn Prozent sicher, und man kann es überall anwenden; 20 Prozent, es wird lebhaft; 50 Prozent, positiv waghalsig; für 100 Prozent stampft es alle menschlichen Gesetze unter seinen Fuß; 300 Prozent, und es existiert kein Verbrechen, das es nicht riskiert, selbst auf Gefahr des Galgens.«

So schön hätte ich das nicht sagen können. Aber was folgt daraus? Müssen wir uns mit der Profitgier einfach abfinden wie mit einer Naturtatsache? Sind wir zu den Verbrechen, die daraus erwachsen, auswegslos verdammt?

Vieles spricht dafür: Im Turbokapitalismus, in dem die Wirtschaft die höchste gesellschaftliche Gewalt darstellt, steht die Demokratie erst an zweiter Stelle. Die Macht der demokratisch gewählten Politiker ist von wirtschaftlichen Zwängen begrenzt, und nur wenige von ihnen haben Courage und Geschick genug, sich dem Wirtschaftsdiktat zu entziehen und ihre politischen Visionen in die Tat umzusetzen. Auch unsere rechtlichen Institutionen beugen sich im Zweifelsfall diesem Druck: Recht bekommt nur, wer Macht hat, und Macht bedeutet wirtschaftliche Potenz.

Aber im Turbokapitalismus ist das Leben auch für die Großen kein Zuckerschlecken. Wer groß ist, muss noch größer werden , bis er der Allergrößte ist und nicht mehr gejagt werden kann. Aber: Je größer einer ist, desto mehr droht ihm das Dinosaurier-Schicksal. Größe und Macht widersprechen sich eben mitunter. Die Fusionen, die uns freudestrahlend von den Wirtschaftsführern verkündet werden, wurzeln in der Regel in der Angst vorm Untergang. Too big to fall – das ist die letzte Rettungsformel der großen Manager kurz vorm

Einschlafen. Damit kalkulierte auch ich, leider oder zum Glück – wie man es nimmt –, falsch.

Im Rückblick auf mein Lebenswerk erscheint mir die Marktwirtschaft heute wie ein großes Biotop – mit großen und kleinen Bäumen, Fischen, Insekten und Vögeln. Alle brauchen einander zum Überleben, und jeder frisst seinen Nächsten, wenn es dem eigenen Überleben dient. Das muss man nicht unbedingt moralisch sehen, es entspricht einfach nur den Gesetzen des organischen Lebens.

Unser Wirtschaftsleben ist nur der unmittelbare Ausdruck dafür, dass unsere praktische Kulturentwicklung der theoretischen gewaltig hinterher hinkt. Der Theorie nach leben wir in demokratischen und gesitteten Verhältnissen, in denen vor dem Gesetz alle gleich sind und die Würde des Menschen unantastbar ist. In der Praxis der Wirtschaft dagegen weht ein rauer Wind, und wer sich da auf seine demokratischen Rechte beruft, wird schnell weggeblasen. In der Theorie zählt das Recht, das auf dem Papier steht, in der Praxis hingegen zählt das Recht dessen, der die Macht hat – wie auch immer er sie erworben hat.

Unsere demokratischen Institutionen verschleiern die Gesetze des Dschungels, nach denen reale Märkte funktionieren. Der Dschungel, das sind angeblich die anderen – die Drittweltländer, die Slums, die Schattenwirtschaft, die Mafia. Hierzulande herrscht Ordnung, die freiheitlich demokratische Grundordnung. Dem stimmte ich zu: Hier herrscht tatsächlich Ordnung. Aber es ist die Dschungelordnung.

Die kennt jeder Unternehmer, aber es gehört zu den Spielregeln, zu diesem Thema den Mund zu halten, solange man im Geschäft ist. Sonst könnte es für einen selbst eng werden. Plaudern darf nur, wer ohnehin für dieses Spiel erledigt ist – eben jemand wie ich.

In jedem Entwicklungszyklus gibt es gemächliche Phasen, in denen alle Wesen sich auf Veränderungen im Gesamtorganismus mühelos einstellen können, und Stressphasen, wo schnelle Anpassungen über Leben und Tod einer Art entscheiden. Ebenso wie der Kapitalismus die Natur auf dem Planeten aus dem Gleichgewicht bringt, geraten auch die Marktbiotope der nationalen Ökonomien immer mehr aus den Fugen. Wenn neue Arten – sprich Unternehmen, die nach anderen Regeln funktionieren – aufgrund von politisch gewollten Marktöffnungen in relativ abgeschottete Märkte eindringen, passiert in der Regel zweierlei: Zunächst werden die etablierten Platzhirsche ihre alten Reviere verteidigen und den Eindringling nach allen Regeln der Kunst von den Futtertrögen fernzuhalten versuchen. Wenn aber die neue Art sich nicht vertreiben lässt und ihre Position im Gegenteil immer weiter ausbaut, während der Markt der alten Marktführer immer weiter schrumpft, müssen sich die Alten beeilen, nach den Regeln der Neuen zu spielen – ansonsten ist ihr Untergang nur noch eine Sache der Zeit. Also hängt das Überleben der Unternehmen davon ab, inwieweit sie die Doppelstrategie fahren können, gleichzeitig neue Regeln abzuwehren und sich an sie anzupassen. Genau das passiert gegenwärtig in der Auseinandersetzung zwischen Old Economy und New Economy.

Wir leben nun einmal in stürmischen Zeiten. Umso wichtiger ist es, sich als Akteur auf dem Markt seiner unsicheren Stellung bewusst zu sein.

Top oder Flop – die Frage stellt sich in jedem Augenblick neu. Nichts ist gefährlicher für die heutigen Gewinner als die Gefahr zu verdrängen, schon im nächsten Moment wieder zu den Verlierern gehören zu können. So ist es eben im Dschungel: einmal nicht aufgepasst, schon ist das schöne Leben futsch. Schlafen sollte man nur wie ein Krokodil – mit offenen Augen.

Geld ist Macht

Nach allgemeinem Verständnis bedeutet Macht in der Marktwirtschaft schlicht und einfach: Geld. Wer das Geld hat, hat die Macht, und wer kein Geld hat, hat auch keine Macht. Da sind sich die Bankvorstände und die einfachen Leute am Stammtisch einig.

Nun heißt das nicht: Wer Geld hat, hat keine Moral, oder: Wer kein Geld hat, ist ein besserer Mensch. Ob einer mehr seinen moralischen Bedürfnissen oder seinem Machttrieb folgt, ist eine Sache des Charakters. Die moralischen Bedürfnisse muß man sich in gewisser Weise leisten können – sowohl in physischer wie in psychischer Hinsicht. Es kommt immer auf den Hunger an – auch im übertragenen Sinn. Wer ständig das Gefühl hatte, nicht genügend beachtet worden zu sein, ist genauso hungrig wie einer, der mit leeren Magen ins Bett geht – nur träumt er eben von Macht anstatt von Eiern mit Speck.

Ebenso ist die Macht des Wissens unbestritten. Wissen führt allerdings nicht automatisch weder zur Moral noch zur Macht. Nur wer weiß, wie Macht funktioniert, und wer machthungrig genug ist, wird über kurz oder lang sein Wissen zu Geld machen können und über Geld dann Macht ausüben.

Wissen kann prinzipiell jeder erwerben, und oft sind es gerade die Machtlosen, denen am Erwerb des Wissens am meisten liegt, wo hingegen die Mächtigen sich in der arroganten Selbstherrlichkeit sonnen, sich Unwissenheit leisten zu können. Andererseits ist es für die Mächtigen am leichtesten, sich Wissensvorteile zu verschaffen. Die meisten Verlierer im Wirtschaftsgeschehen sind daran gescheitert, dass sie die Tricks und Kniffe nicht gelernt und überhaupt dem Erwerb von Wissen zu wenig Aufmerksamkeit geschenkt haben. Es kommt eben darauf an, sich für die gängigen Tricks zu interessieren und sie nach eigenem moralischen Gutdünken nutzbringend anzuwenden.

Achtung: Getretene Hunde beißen!

Mag die Welt auch unter seinen Füßen untergehen, der Erfolgreiche glaubt vor allem an sich selbst. Und das kann der größte Fehler sein, solange man weder sich selbst kennt noch die Gesetze des Umfelds, in dem man handelt.

Langfristig erfolgreich kann nur werden, wer mit verschiedenen Strategien des kurzfristigen Erfolgs Bauchlandungen erlitten hat.

Der kurzfristige Vorteil moralischer Skrupellosigkeit liegt auf der Hand: Man wird schnell zum großen Hai. Futter in Form von unwissenden oder schwachen Fischen gibt es zuhauf. Aber die Opfer entwickeln mit Zeitverzögerung wirksame Methoden, um sich dem tödlichen Biss zu entziehen oder selbst zum Angreifer zu werden.

Diese Lektion erhielt ich von einigen Handwerksbetrieben, die für mich arbeiteten. Nachdem ich sie bei Verhandlungen bis zum Gehtnichtmehr ausgequetscht hatte, weil mir die Bankzinsen im Nacken saßen, schlossen sich die betroffenen Firmen zusammen und sprachen sich preislich ab. So erhielt ich überhöhte Angebote, die kaum noch verhandelbar waren. Oder sie gaben gar kein Angebot mehr ab – etwa bei Gewerken mit wenig Konkurrenz wie bei Aufzügen.

So hatte ich in den Aufstiegsjahren von meinem harten Vorgehen durch Einsparungen profitiert – und musste später doppelt und dreifach dafür büßen, weil mittlerweile auch die Zinslasten drastisch gestiegen waren.

Lug & Trug sind allgegenwärtig

Falsche Werbeversprechen, aufgeblähte Verpackungen, der auf dem Marktstand mit der faulen Stelle nach unten gelegte Apfel – all das sind völlig legale Formen des alltäglichen Betrugs, und wegen der Unzahl von legalen Betrugsformen ist der Übergang zu den illegalen so fließend. Tagtäglich werden die Märkte überschwemmt mit Produkten, deren einziger Sinn darin besteht, möglichst schnell den Geist aufzugeben – falls der je vorhanden war. Ebenso massenhaft bezahlen wir Dienstleistungen ohne Geldwert, im schlimmsten Fall beschäftigen wir sogar Menschen, die das Problem vergrößern statt zu lösen.

Wer sich weigert, als Geschäftsmann oder -frau innerhalb gewisser Grenzen »Lug & Trug« zu betreiben, muß in unserer Marktwirtschaft die persönlichen Konsequenzen tragen – und die liegen im geschäftlichen Misserfolg ebenso wie im Ausstieg aus dem Geschäftsleben. Lug & Trug ist zwar nicht alles, was sich in der Marktwirtschaft den Anschein eines ordentlichen Geschäfts gibt, aber vieles. Die Trickserei ist so allgegenwärtig wie die Dunkelheit: Je mehr sie sich ausbreitet, desto weniger ist sie zu sehen. Je länger man sich in ihr bewegt, desto heller erscheint sie einem und um so schwerer fällt es, die Grenze zum Unerlaubten zu bestimmen.

Wenn ein Trick funktioniert, wird man nicht eher aufhören, ihn mit immer größeren Risikoeinsätzen anzuwenden, bis es eben zu spät ist und die ganze Chose auffliegt. Diese Suchtdynamik habe ich am eigenen Leib erfahren – und deshalb antworte ich heute, wenn mir jemand die Realisierung eines Bauvorhabens anträgt: Wollen sie einen Ex-Alkoholiker zum Trinken verführen?

Im Vergleich zu den ersten Jahren der Nachkriegszeit, als die Gesetze des Wirtschaftslebens weniger komplex und die Menschen mehr aufeinander angewiesen waren, wurde es in den folgenden Jahrzehnten immer schwerer, sich beim Geschäftemachen anständig zu verhalten. Damals gab es im Baugewerbe mehr oder weniger geduldete, illegale Kartellabsprachen und auch mehr oder weniger offene Bestechungen in Form von Sachleistungen an Beamte, aber insgesamt herrschte ein friedlicheres Klima unter den großen und kleinen Fischen im Baugewerbe. Da es reichlich Futter in Form von Bauaufträgen gab, verlief der Konkurrenzkampf weniger erbittert. In den siebziger Jahren konnten sich die großen Baukonzerne am Goldrausch der Ölländer durch riesige Bauvorhaben beteiligen. Sie kassierten Milliarden, die sie dann in Deutschland einsetzten, um ihre Konkurrenz, die größeren mittelständischen Firmen, fast vollständig auszurotten. Nachdem dieses Ziel erreicht war, bekämpften sich die Baugroßkonzerne untereinander, bis nur noch wenige überlebt hatten. Jüngst raffte die Rettung des angeschlagenen Holzmann-Riesen wieder viele kleinere Unternehmen dahin – der Auftragskuchen ist viel zu klein für alle. Wer heute noch am Markt ist, setzt jedes Mittel ein, um zu überleben.

Betrug im großen Stil wird heute gesellschaftlich ebenso toleriert wie das Töten im Krieg, das ja auch nicht als Mord geahndet wird. Die Betrugsmethoden sind inzwischen natürlich raffinierter geworden. So gibt z.B. die Datenfülle, die mit Hilfe ausgefeilter Software produziert werden kann, auch kleinen Firmen die Möglichkeit, unlautere Abrechnungsmethoden geschickt zu verschleiern, etwa durch überhöhte Berechnung einer Vielzahl kleiner und bei der Leistungskontrolle schwer identifizierbarer Einzelposten, die in der Summe einen erklecklichen Prozentsatz der Rechnung ausmachen.

In einem gesellschaftlichen Klima, in dem mehr oder weniger große Schummeleien an der Tagesordnung sind, erhebt sich nur dann ein großes Geschrei, wenn wie in meinem Fall die Summen besonders spektakulär sind. Darin mischt sich echte Empörung mit dem Wunsch, von eigenen Untaten abzulenken.

Doch die Fülle der Skandale hat längst zur moralischen Abstumpfung geführt. Egal, ob Banken, Politiker, die Kirche oder sonstige große Institutionen: Mittlerweile stehen alle unter Generalverdacht, Dreck am Stecken zu haben. Eine Vielzahl von negativen Vorbildern vermittelt die Vorstellung, der Beschiss gehöre entweder zu den Geburtsrechten des Menschen oder sei eine unabänderliche Tatsache, mit der er sich gefälligst als Opfer abzufinden habe. Und warum sollte der Kleine nicht vom Großen lernen?

Da auch Unanständigkeit ihren Preis fordert, finden wir im Geschäftsleben relativ wenig Menschen, die sich ganz dem Bösen verschrieben haben. Die meisten wollen gut sein, aber es klappt eben nicht immer. Die Verhältnisse zwingen sie zum Lavieren oder lassen ihnen nur die Wahl zwischen zwei Übeln. Nehmen wir das Beispiel eines mittelständischen Unternehmers. Eine größere Forderung ist im Verzug und bedroht die Liquidität. Der Unternehmer hat die Wahl, entweder seine Angestellten pünktlich zu bezahlen oder bei der Steuer zu schummeln, etwa indem er schwer zu kontrollierende Lagerbestände nach Bedarf abwertet und dann, wenn die Liquiditätslage besser ist, unauffällig über Jahre hinweg wieder aufwertet.

Wenn er sich für die Begleichung der Steuerforderung entscheidet, nimmt er durch Liquiditätsengpässe eine Rufschädigung für sein Unternehmen in Kauf; möglicherweise spricht sich das in seiner Kundschaft herum und führt zur Stornierung von Aufträgen – womit sich die Abwärtsspirale beschleunigt und eine Dynamik in Gang kommt, die zum Untergang des Betriebs führen kann.

Wenn er das Finanzamt betrügt, bleibt ihm immer noch die Möglichkeit, später eine Selbstanzeige zu machen und auf diese Weise die Sache gütlich aus der Welt zu schaffen. Also entscheidet er sich für den Steuerbetrug.

Oder betrachten wir den Fall eines Handwerkers, dem ein Großkunde pleite ging. Nun bekommt er bei einem Millionär einen Stundenlohnauftrag, um die Wasserleitung zu reparieren. Natürlich rechnet er die dreifachen Stunden ab, denn er weiß, dass der Millionär seine Leistung ohnehin nicht kontrolliert. Der Handwerker hingegen braucht das Geld dringend zum Überleben seiner Firma. Er handelt unanständig, aber in Notwehr – und kann die Unanständigkeit daher vor seinem Gewissen rechtfertigen.

Oder: Ein Handwerker arbeitet in einem Großbau für einen vermögenden Investor, der plötzlich pleite geht, weil ihm die Bank die Kredite streicht. Die Bank übernimmt aus der Konkursmasse das Gebäude, in dem die noch unbezahlte Leistung des Handwerkers steckt. Der Handwerker geht nun ohne sein Verschulden leer aus – das Konkursrecht ist nun mal so angelegt. Die Bank muss aber das Gebäude fertigstellen, denn nur so kann sie es verwerten. Also überträgt sie dem Handwerker die restlichen Fertigstellungsarbeiten. Soll er die Bank nun bei der Abrechnung bescheißen, um seinen Verlust wettzumachen? Verständlich wäre das allemal.

Bleibt festzuhalten: Der moralische Zwiespalt gehört mit zum Geschäft. Moralisch bewegen wir uns ständig auf des Messers Schneide, wenn wir Geschäfte tätigen. Jederzeit kann sich das Geschäft in die eine oder die andere Richtung entwickeln. Das ist weder gut noch schlecht, es kommt nur darauf an, eine bewusste Entscheidung zu treffen und sich ehrlich für die eine oder andere Seite zu entscheiden.

Gefährlich wird der Betrug für einen selbst, wenn er zum

Selbstbetrug wird und die Ehrlichkeit sich selbst gegenüber aufhört. Wie viele Geschäftsleute nehmen sich schon Zeit, um sich zu prüfen und zu fragen: Ist es denn richtig und anständig, was ich mache? Warum entscheide ich mich für das Geld und gegen die Moral oder umgekehrt? In meinem Milliardärsleben hatte ich viel zu viel Stress, um mich solch elementaren Fragen zuzuwenden, und ich weiß aus vielen Gesprächen, dass es den meisten erfolgreichen Geschäftsleuten ebenso geht. Doch das Leben danach lehrte mich: Unrechtsbewusstsein läßt sich ebenso einüben wie man sich täglich die Zähne putzt. Egal, wieviel Nullen an einem Geschäft hängen.

Unzählige kleine und mittlere Geschäftsleute streben schon aus egoistischen Motiven danach, anständige Geschäfte mit ihrer Kundschaft zu machen. Ihren Kunden faule Ware anzudienen, führte sie über kurz oder lang in den Ruin. Deshalb werden nach wie vor auch mündliche Vereinbarungen meistens eingehalten, und deshalb gibt es nach wie vor zufriedene Kunden, die einer Firma oder Marke treu bleiben.

Einigen dieser Geschäftsleute ist die persönliche Integrität wichtiger als die schnelle Mark. Doch Anständigkeit hat ihren Preis im Haifischbecken: Man bleibt klein und lehnt auch mal ein unanständiges Geschäft ab, obwohl es noch ganz im legalen Rahmen bleibt und eine Menge Gewinn verheißt.

Andere sagen sich: Persönliche Integrität? Was kümmert mich die? Sie machen sich einfach keine großen Gedanken, weil das große Gewinnspiel, in dem sie gefangen sind, keine

Ablenkungen verträgt. Oder sie glauben, dass man mit viel Geld viele weiße Westen kaufen kann.

Wenn ich auf meinen Fall zurückblicke, muss ich gestehen: Auch ich war in diesem Irrtum befangen. Ich gehörte wie viele, die meinen Weg beschritten, zu denen, die sich in der Grauzone verführen ließen, den Rubikon zum Ufer der Strafbarkeit zu überschreiten. Wo genau dieses Ufer anfing, wusste ich in den entscheidenden Momenten nicht. Eher war es so, dass eines das andere ergab – aus der moralischen Unanständigkeit, die zur normalen Geschäftspraxis gehört, wurde ohne deutlichen Übergang die strafbare Betrugstat. Der Nimbus der Erfolgs, der mich gleißend umgab, machte mich blind für die mögliche Fehlbarkeit meiner Entscheidungen. Schließlich will der Erfolgreiche besonders in Krisensituationen sich nicht selbst schwächen und kann nichts weniger vertragen als Anzeichen der Ungewissheit.

Betrug ist schwer nachzuweisen

Beim Thema Betrug gibt es ein grundsätzliches Problem mit der juristischen Definition. Der Straftatbestand des Betrugs ist laut StGB erfüllt, wenn jemand »das Vermögen eines anderen dadurch beschädigt, dass er durch Vorspiegelung falscher oder durch Entstellung oder Unterdrückung wahrer Tatsachen einen Irrtum erregt oder unterhält.« In einschlägigen Kommentaren wird als ergänzendes Kriterium für das Vorliegen einer Betrugsstraftat die Täuschungsabsicht verbunden mit der Unkenntnis bzw. dem Irrtum des Opfers genannt. Daraus folgt: Wer sich wissentlich betrügen lässt, hat selbst die Konsequenzen zu tragen und stellt den Täter frei von Strafe – denn dann liegt kein Irrtum vor. Einzig davon ausgenommen ist der Kreditbetrug – hier genügt der Nachweis einer Täuschungsabsicht.

Wer sich wundert, wieso der Gesetzgeber ausgerechnet bei diesem Delikt eine relativ opferfreundliche Haltung einnimmt, muß sich mit der Rechtsgeschichte der Nachkriegszeit befassen. Des Rätsels einfache Lösung: Banker wirkten bei der Entstehung einschlägiger, ihr Gewerbe betreffender Gesetze mit.

Dass es in der Regel schwierig ist, Betrug juristisch dingfest zu machen, erklärt das Ausmaß der Grauzonen und die Ausbreitung des alltäglichen Betrugs im Haifischbecken. Während es bei Mord, Diebstahl oder Entführung handfeste Tatindizien und Spuren am Tatort gibt, ist die Beweisführung bei Betrug ungleich schwerer. Zwar hinterlassen Täuschungsversuche in der Regel dokumentierbare Spuren, aber wie soll man einen Irrtum belegen? Man kann schließlich nicht den Kopf eines Verdächtigen aufsägen, um festzustellen, was er gewusst hat. In meinem Prozeß brachte Professor Salditt, einer meiner Verteidiger, das rechtliche Dilemma des Betrugs auf den Punkt: »Zum Betrug braucht es mehr als einen Täter.«

Dazu ein alltägliches Beispiel aus den ersten Jahren meiner beruflichen Laufbahn: Als ich einen alten Opel zum Verkauf anbot, erwähnte ich mündlich gegenüber dem Käufer als Begründung für den niedrigen Kaufpreis, dass der Wagen bereits einen Unfall gehabt habe. Aus Unerfahrenheit versäumte ich jedoch, diese Information schriftlich in den Kaufvertrag aufzunehmen. Eine Woche später meldete sich der

Käufer bei mir mit dem Ansinnen, einen Teil des Kaufpreises zurückerstattet zu bekommen – schließlich habe der Wagen einen Unfall gehabt. Darauf ging ich natürlich nicht ein, zumal ich mir keiner Schuld bewusst war. Schließlich kam es zum Prozeß, den ich verlor, weil der Richter keinen Beweis für die einzige Behauptung fand, die ich zu meiner Verteidigung vorbringen konnte: »Ich habe es doch gesagt«. Ich hatte einen Fehler gemacht und mußte zu recht dafür büßen – als Opfer einer gerissenen Überlegung, durch die der Käufer geschickt meine Beweisnot ausnutzte.

Im Alltag verschwimmen ohnehin die Grenzen zwischen dem, was juristisch als Betrug gilt, und dem subjektiven Eindruck des Betrogenseins, etwa durch Vertragsverletzungen oder überhöhte Abrechnungen. Betrogen fühlt man sich, wenn Erwartungen und Versprechungen nicht erfüllt werden. Nun sind die größten Erwartungen, die Geschäftspartner aneinander stellen, meist so diffus wie die Parolen, mit denen sie für sich werben, und keinesfalls Gegenstand von justiziablen Verträgen. »Der andere wird seine Arbeit schon gut machen«, »Am Ende bekomme ich das, was ich will, und muss nicht mehr dafür bezahlen, als ich gedacht habe«, »Der andere ist so seriös, unsaubere Geschäftspraktiken kann der sich nicht leisten.« Solche Gedanken im Hinterkopf sind die besten Netze, um Beute im Meer der schlechten Erfahrungen zu machen. Deshalb warne ich davor, insbesondere im Umgang mit ungleich potenteren Geschäftspartnern, sich auf irgendeine Annahme zu verlassen, die nicht schriftlich fixiert ist, und selbst bei denen, die schriftlich fixiert sind, alle Lesarten zu prüfen – und nicht nur die, die der eigenen positiven Erwartungshaltung entspricht.

»Treu und Glauben« ist in der Haifischwirtschaft zum Erkennungsmerkmal der Naivität geworden – eine Art Baldrian-Pille, mit der sich der kleine Fisch beruhigt, bevor er vom großen gefressen wird.

Dabei ist das bürgerliche Gesetzbuch mit einem Paragraphen ausgestattet, der der diffusen Erwartung, anständig behandelt zu werden, durchaus mehr Gewicht verschaffen könnte. »Der Schuldner (*und das sind grundsätzlich beide Vertragspartner, Anm. des Verf.*) ist verpflichtet, die Leistung so zu bewirken, wie Treu und Glauben mit Rücksicht auf die Verkehrssitte es erfordern.«, heißt es in § 242 BGB.

Dazu ein Beispiel aus dem Baugewerbe:

Ein Fliesenleger verlegt 200 Quadratmeter Natursteinboden in einer Villa. Der Bauherr schaut gelegentlich vorbei, um den Fortgang der Arbeit zu kontrollieren. Nun stellt sich bei der Abnahme heraus, dass der fertige Boden eine gewisse Farbabweichung vom Muster aufweist. Streng formal kann der Bauherr jetzt verlangen, dass der Boden herausgerissen oder die Rechnung gekürzt wird. Ob es sich dabei um eine ›unbillige Härte‹ handelt oder nicht, muss der Richter entscheiden, wobei der Grad der Abweichung vom Muster entscheidet. Wie in vielen vergleichbaren Fällen ist das keine ganz leichte Aufgabe, denn auf DIN-Normen läßt sich hier nicht zurückgreifen.

Ist die Abweichung nur geringfügig, kann der Richter den Unternehmer mit Hilfe des § 242 BGB vor einem moralisch unanständigen, gleichwohl legalen Winkelzug seines Auftraggebers zu schützen. Ist die Abweichung jedoch gravierend, kann umgekehrt der Auftraggeber vor der Zahlungsverpflichtung bei mangelhafter Leistung geschützt werden.

Nach meiner Kenntnis der Rechtsprechungspraxis in Deutschland – auch eine Frucht der Gefängnisjahre – machen unsere Richter jedoch relativ selten Gebrauch von dieser Möglichkeit. Warum eigentlich – wenn dadurch dem moralischen Betrug (in diesem Fall durch Vertragsverletzung) Einhalt geboten werden könnte? Denn – auch dafür bürge ich mit meiner Erfahrung – der moralische Betrug kommt immer vor dem juristischen, und wer letzteren eindämmen will, sollte bei ersterem beginnen.

Schnäppchenjager

Viele Menschen antworten auf die Frage, was gute Geschäfte von schlechten unterscheidet: Gut ist, wenn man ein Schnäppchen macht, schlecht, wenn man dabei beschissen wird. Sie wollen das Gute und ernten das Schlechte, denn natürlich werden die am ehesten beschissen, die meinen, besonders clever zu sein.

Wer auf Schnäppchen aus ist, hängt bereits am Haken seiner eigenen Gier und schlägt dabei vor allem sich selbst ein Schnippchen. Man übersieht nämlich häufig, dass nicht günstige Einkaufskonditionen den günstigen Preis ermöglichen. Nicht immer, aber öfters mal ist einfach die Qualität der Ware minderwertig, enthält unsichtbare Macken, die sich erst nach Wochen bemerkbar machen, oder sie ist »out« – und der Schnäppchenjäger gehört womöglich zu den letzten, die das merken.

Die Schnäppchenjäger vereint der Glaube, dass die Ersparnis ihren Preis wert ist – und nehmen dabei spritfressende

Umwege in Kauf, dumpfe Lagerhallen und graugesichtiges Verkaufspersonal. Freude am Kaufen kennt der Schnäppchenjäger nicht, und vor lauter minderwertigen Waren, die ihm tagtäglich mit dem Schnäppchenargument angeboten werden, verliert er auch sein Gespür für Qualität.

Mein Rat an alle, die bei Schnäppchenangeboten schwer widerstehen können: die Sachen genau unter die Lupe nehmen, sich neben sich auf den Stuhl setzen und ganz bewusst das Gehirn einschalten. Und wenn Sie dann noch immer von der Sache überzeugt sind – zugreifen.

Der kluge Schnäppchenjäger wittert seine Beute im Verborgenen, denn er denkt antizyklisch. Er interessiert sich für Dinge, für die sich die Allgemeinheit momentan nicht interessiert, etwa Antiquitäten, die gerade aus der Mode sind, oder Aktien in der Baisse. Sein Talent besteht darin, eine Zukunft vorauszusehen, bevor die Masse sie entdeckt. Oder er verbindet mit einer Sache eine Idee, die andere nicht haben, und verwandelt die Sache durch die Verbindung mit einer Idee in ein Schnäppchen.

So ging es mir mit dem Berliner Kurfürsteneck. Ich wusste, was man in dieser zentralen Lage aus so einer Immobilie machen konnte, daher erschien mir der Preis von 60 Millionen lächerlich gering, und sogar der doppelte Kaufpreis, den ich am Ende zahlen musste, noch immer günstig. Die Bank hatte später keine Probleme, den Entwicklungswert mit 300 Millionen zu taxieren und auszuzahlen, ohne dass auch nur ein Stein bewegt wurde.

Meine Haltung war stets, in langfristige Werte zu investieren und dabei weder Kosten noch Mühen zu scheuen. Wenn ich meine Zeit damit vergeudet hätte, an unwesentlichen

Nebenschauplätzen beispielsweise um geringfügige Rabatte zu kämpfen, hätte ich nie etwas Bedeutsames auf die Beine stellen können. Von daher kann ich nur aus Erfahrung sagen: Schaut lieber mal nach, was ihr wirklich wollt, und zahlt einen angemessenen Preis dafür. Großzügigkeit macht sich bezahlt, solange sie angemessen ist.

Von der Vision zum Erfolg

Visionen gehen den Ideen voraus. Vor dem geistigen Auge erscheint ein Bild, das immer deutlichere Konturen annimmt. Visionen verfolgen einen Tag und Nacht, sie lassen einen nicht los, selbst wenn man sich erschöpft fühlt. Manche Menschen haben schon in jungen Jahren Visionen, die erst später zu konkreten Ideen und dann zu Projekten werden.

Ohne Vision wird niemand Unternehmer. Visionen sind plastisch und bildhaft, sie mobilisieren alle Kräfte, die ein Mensch zur Verfügung hat. Alle erfolgreichen Unternehmer haben eine oder auch mehrere Visionen, die im Laufe ihres Lebens Gestalt gewinnen.

Die Anfänge meiner persönlichen Vision lagen in der Kindheit: Die hohen Räume und bunten Bleiverglasungen, Fliesen, Mosaiken und Holzvertäfelungen der repräsentativen Gründerzeitvilla meiner Großmutter – ein krasser Gegensatz zu der nüchternen Werkswohnung, in der meine Eltern damals wohnten. Dann sah ich im Krieg das brennende Frankfurt. Als junger Mann wurde ich Zeuge des stürmischen Aufbaus im nüchternen und billigen Baustil der Nachkriegszeit, und mich schmerzte der Abriss von alten Häusern oder ihre Verunstaltung durch An- und Aufbauten. Als junger Bauunternehmer begrüßte ich die ersten Denkmalschutzgesetze in den siebziger Jahren.

Da formte sich in mir die Vision eines lebendigen Stadtbildes, in dem historische Häuser wie Antiquitäten oder Werke alter Meister am modernen Leben teilhaben. Nach meiner Vorstellung war die Verwirklichung dieser Vision die Aufgabe von Bürgern und privaten Bauherrn, die der Staat damals bereits mit erheblichen Steuervorteilen ermunterte. Als erfahrener Handwerker und Bauunternehmer wollte auch ich mich hier hervortun. So wurde die Vision zur Idee, und die Idee zum Projekt, und das Projekt schließlich zum fertigen Objekt.

Am Anfang stand das Goldene Kreuz in Baden-Baden – heute noch eines der schönsten und größten Privathäuser dieser Stadt. Aus einer vagen Vision wurde sichtbare Wirklichkeit, und alle Welt bewunderte mich. Meiner Eitelkeit wurde geschmeichelt, so dass ich fortan nicht mehr zu bremsen war.

Die Tatsache, dass meine städtebauliche Vision auch einen gemeinnützigen Aspekt hatte, spielte sicherlich eine große Rolle für deren Durchschlagskraft. Erst der Blick auf das Gemeinwesen verlieh mir die Kraft, mich den Risiken zu stellen, die sich beim Verwirklichen großer Visionen zwangsläufig ergeben.

Damit hatte ich einen Vorteil gegenüber Managern in großen, anonymen Gesellschaften, die als Angestellte Visionen entwickeln müssen, ohne dabei eigene, existentielle Verantwortung zu tragen. Wenn es schief geht, müssen die Gesellschafter die Zeche zahlen, und die Angestellten verlieren lediglich ihren Arbeitsplatz. Von Managern entwickelte Visionen reichen meistens nicht über den Tellerrand des eigenen Unternehmens hinaus – und das macht sie schwach.

Große Unternehmervisionen verbinden jedoch beides – das gute Geschäft und das Gemeinwohl. Als ich kürzlich von einer namhaften Zeitung gefragt wurde, wie man gerissen wird, sagte ich deshalb, dass eine besonders erfolgreiche

Form der Gerissenheit darin besteht, hohe Ziele als niedere auszugeben und immer an die Gier und das Profitstreben meiner Partner zu appellieren. Das hat bei den Banken ja auch bestens funktioniert. Auch wenn ich als Unternehmer finanziellen Schiffbruch erlitten habe, bin ich im Sinne meiner Vision erfolgreich gewesen. Die prächtig restaurierten Häuser in Leipzig und anderswo lassen sich nicht wegtragen, auch wenn sie sich nicht mehr in meinem Besitz befinden. Große Visionen fordern große Opfer – und die persönliche Existenz des Visionärs muss manchmal leiden, wenn die Vision in die Welt hinein geboren wird. Das sind Schmerzen, wie sie jede Frau kennt – und warum sollten nicht auch Männer auf andere Weise diese Erfahrung machen dürfen?

Gute Ideen reichen nicht aus

Viele Menschen haben Visionen, besitzen aber nicht genug Unternehmerpersönlichkeit, um sie zu verwirklichen. Wer nur über mittelmäßige Fähigkeiten verfügt, sollte von der Selbstständigkeit die Finger lassen. Über kurz oder lang wird er an einer der zahlreichen Hürden scheitern, die das Leben dem Unternehmer in den Weg stellt.

In meinem früheren Leben leitete ich acht Jahre lang eine eigene, als gemeinnützig anerkannte Stiftung zur Förderung von überwiegend akademischen Jungunternehmern. Dort hatte ich es immer wieder mit hervorragenden Wissenschaftlern zu tun, die glaubten, sie könnten mit ihren glänzenden Ideen selbstständige Unternehmer werden. Sie lebten ganz für ihre Erfindungen und dachten darüber nach, wie sie diese noch besser und rationeller gestalten konnten. Aber sie besaßen oft nicht das geringste Gefühl für Geld. Sie kümmerten sich nur wenig um den Markt, legten kein Konzept für Vertrieb und Werbung vor, und vor allem: Ihnen fehlte das unternehmerische Charisma. Sie hatten nicht den Biss, um sich im Haifischbecken der Wirtschaft zu wehren, und wären dort unweigerlich aufgefressen worden. Deshalb schieden sie für die Förderung aus.

Unternehmer sind extrovertierte Menschen mit einem feinen Gespür für Geld. Sie sind hart gegen sich selbst, fleißig, klug und durchsetzungsfähig. Sie haben Mut und neigen zur Abenteuerlust, die ihnen dann auch zum Verhängnis werden kann, da sie, um Erfolg zu haben, immer die Grenzen ausloten und Neuland betreten müssen. Sie haben das, was Roman Herzog in seiner großen Berliner Rede den »Ruck« nannte. Den kann man keinem anerziehen.

Ehrgeiz kommt nicht von ungefähr

Oft sind erfolgreiche Unternehmer Menschen, die in ihrer Jugend großen inneren Druck aushalten mussten. Bei mir wirkte die ungewöhnlich harte Erziehung meines Vaters wie eine Feuertaufe. Sie verschaffte mir ungeheure Energie, durch die ich alle anderen übertrumpfen konnte. Doch erst im reifen Mannesalter von 47 Jahren startete ich mein großes Geschäft. Es war, als wäre ein Dampfkessel geplatzt. Ich wollte besser sein als alle anderen, gerade weil ich immer Angst hatte, ich wäre nicht gut genug.

Natürlich ist es nicht die Schuld meiner Eltern, dass mein Leben diesen Verlauf nahm. Ich hätte, lange bevor die Umstände mir das nahe legten, mehr an meinem Charakter arbeiten können, um die extreme Mischung zu entschärfen. Für seine Selbsterkenntnis und Selbsterziehung ist schließlich jeder allein verantwortlich.

Solange man auf dem Weg ist, ein Tycoon auf seinem Gebiet zu werden, hat man indes andere Sorgen, als an sich zu arbeiten. Man will die Außenwelt verändern und nicht die Innenwelt. Und genau deshalb lebt man ständig auf Messers Schneide – weil die Mechanismen der Innenwelt permanent unter der Oberfläche wirksam sind, ob man will oder nicht.

Keine Angst vor der Angst

Mut hat nur, wer seine Angst überwindet. Und Angst ist der ständige Begleiter eines Unternehmers. Das ist auch gut so – denn Angst ist eine natürliche Bremse, um nicht über die Stränge zu schlagen, und zugleich erzeugt sie den Antrieb, es besser zu machen oder sich rechtzeitig zu schützen.

Die meisten Unternehmer machen den Fehler, ihre Angst zu ignorieren und stattdessen in Aktionismus zu verfallen. Sie verfahren, wie auch ich es tat, nach der Devise: Mal sehen, ob der andere noch feiger ist als ich selbst. Mir zittern zwar die Arschbacken, aber ich will dennoch wissen, ob sich der andere von meinem Zähnefletschen beeindrucken läßt. So ist es üblich in der Haifischwirtschaft, und wer sich als besserer Bluffer erweist, geht am Ende als Sieger aus dem Spiel hervor.

Wie die meisten hatte ich vor allem Angst vor der Angst: Wenn ich mich einmal ihr ausliefere, so befürchtete ich, könnte sie mich lähmen und mich meiner Führungsqualitäten berauben. Deshalb wollte ich auf die Stimme der Angst gar nicht erst hören. Andernfalls hätte ich manchen Unsinn unterlassen, mich aber auch an viele große Projekte nicht herangewagt.

Deshalb kann ich Ihnen nur raten: Heißen Sie Ihre Ängste willkommen. Sie verraten Ihnen, was an der Idee, die Sie im Stillen ausgebrütet haben, faul ist. Erst wenn die Idee die inneren Angriffe durch die Ängste überstanden hat, hat man die Kraft, sie gegen äußere Gegner zu verteidigen.

Die Zeit muss reif sein

Besonders erfolgreiche Unternehmer sind besessen von einer Idee, die genau in die Zeit hinein passt, in der sie kometenhaft aufsteigen.

Die schönsten Visionen nützen nichts, wenn die Zeit dafür nicht reif ist. Ich hatte das Glück, mein Geschäft zum richtigen Zeitpunkt aufzubauen. Meine Idee, historische, stadtbildprägende Häuser mit modernstem Komfort wieder in das städtische Leben einzugliedern, fiel in die Zeit des größten Immobilienbooms seit 100 Jahren. Euphorie beherrschte die Wirtschaft wegen der Wiedervereinigung und wegen des Sieges des Kapitalismus über den Kommunismus.

Deshalb sollten sich alle, die mit irgendeiner Idee an den Markt gehen wollen, zuvor fragen, ob die Zeit für ihre geniale Idee schon reif ist. Der berühmte Satz von Gorbatschow, wonach das Leben den bestraft, der zu spät kommt, bedarf einer Ergänzung: Auch den, der zu früh kommt, bestraft das Leben.

Den richtigen Zeitpunkt zu finden ist eine Sache der Intuition und des Glücks – und der Fähigkeit, sowohl seine Gier als auch seine Angst im Zaum zu halten.

Geld ist Sprit im Tank

Geld bedeutet die Möglichkeit, Ideen zu verwirklichen. Geld ist Sprit im Tank, nützlich, wenn man weiß, wo die Reise hingeht. Mich hat das bloße Geldanhäufen nicht interessiert, ich wusste immer, was ich damit machen wollte. Auch als ich 600 Millionen auf Festgeldkonten liegen hatte, diente das vor allem als Sicherheit dafür, dass ich meine Bauvision verwirklichen konnte und nicht zum Bittsteller der Banken wurde. Auch wenn ich ihnen nur ihr eigenes Geld vor die Nase hielt – mir reichte es, dass es für meine Zwecke frei verfügbar war.

Oft schimpfen Menschen, die viel haben oder jedenfalls mehr, als sie brauchen, über Geld. Wenn man reich ist, kann man leicht sagen: Geld ist nicht alles.

Klug ist es, freiwillig eine Grenze zu ziehen, wenn man bereits Geld verdient hat. Wenn man mit Mitte Fünfzig oder sogar noch früher aus dem Geschäftsleben aussteigen kann mit dem Gefühl: Genug ist genug. Jetzt ist was anderes dran als Geldverdienen – das imponiert mir.

Positive Verrücktheit

Gewöhnliche Ideen führen oft zu gar keinem Ergebnis. Wer außergewöhnliche Ergebnisse erzielen will, muss ungewöhnlich oder gar verrückt sein. Bei Künstlern, Erfindern, Entdeckern und anderen Genies wird das als selbstverständliche Tatsache anerkannt, nur bei Unternehmern gilt Verrücktheit noch immer als Makel. Dabei sind Arbeitsbesessene – eine Bezeichnung, die auf die meisten Unternehmer zutrifft – ständig an der Grenze zur Verrücktheit, weil sie ihre ganze Energie in ihr Unternehmen und ihre Geschäftsidee investieren.

Vielleicht habe ich die Ehre, als erster Unternehmer die Verrücktheit salonfähig gemacht zu haben. Der erste, der mich als »positiv Verrückten« bezeichnete, war der ehemalige Präsident der Handwerkskammer Leipzig, Herr Dirschka. Ich hielt das für eine treffende Würdigung meines Einsatzes – viel näher an der Wahrheit als die Bemerkung von Konsul Stiefenhofer, der öffentlich gegenüber einer Reporterin der Frankfurter Neuen Presse im Februar 1996 schnöde behauptete, ich sei nicht ganz normal.

Was unterscheidet nun positiv Verrückte von gewöhnlichen Verrückten? Ganz einfach: Ihre Werke. Hitler, das Paradebeispiel eines negativ Verrückten, hat unser Land in Schutt und Asche gelegt, indem er mit ungeheurer Begabung das Potenzial von anderen negativen Verrückten geweckt und organisiert hat. Bei der negativen Verrücktheit überwiegen die zerstörerischen Tendenzen – bei der positiven Verrücktheit bleibt unterm Strich ein positives Ergebnis.

Verrücktheit, egal ob positiv oder negativ, hinterläßt allerdings immer Flurschäden. Meistens leidet die Familie oder der Lebenspartner. Ob dieses Leiden den Einsatz für die Sache aufwiegt, muß jeder selbst entscheiden. So verrückt wie ich war, hätte ich ganz bestimmt nicht sein müssen. Weniger wäre noch genug gewesen.

Statussymbole

Der Platzhirsch braucht ein prächtiges Geweih – und deshalb sollte jeder, der auf seinem Gebiet ein Platzhirsch werden will, an Statussymbolen nicht sparen – egal, was sie ihm persönlich bedeuten. Das können Glastürme, Schlösser, Luxuskarossen mit Chauffeur, wohlklingende akademische, diplomatische oder adlige Titel sein. Die Banken machen vor, was die Geschäftsleute in der Regel nachmachen. Natürlich sollte man nicht übertreiben – ein weißer Frack oder ein cremefarbener Rolls Royce können auch protzig und lächerlich wirken.

Ohne den strategischen Einsatz von Statussymbolen hätte ich es nie zu etwas gebracht. Statussymbole wie das Schlösschen in Königstein waren eine umwegsrentable Investition: Ich wusste, dass die Anschaffungskosten in jedem Fall wieder hereinkommen würden, weil die Erhöhung meines Ansehens meine Geschäftschancen erheblich verbesserte. Erst nachdem das historische Schlösschen in Königstein zu meinen Geschäftssitz geworden war, trugen mir die Banker das Geld auf den Hügel hinauf – in Erwartung, dass Manna vom Himmel fiele, wenn ich ihre milden Gaben annähme.

Im Übrigen legte ich stets Wert darauf, dass es sich auch

bei den Statussymbolen um wertbeständige Objekte handelte. Viele Erfolgsverwöhnte machen den Fehler, sich teuren Ramsch andrehen zu lassen, den sie bei einer geschäftlichen Krise nur schwer und mit großen Verlusten wieder zu Geld machen können. Wertvolle Antiqiutäten – egal, ob es sich um Einrichtungsgegenstände, Kunstwerke oder Immobilien handelt – haben dagegen die wunderbare Eigenschaft, im Lauf der Zeit an Wert zuzulegen.

Neider

Je höher der gesellschaftliche Status, desto größer die Horde der Neider, die sich um einen schart. Neider sind immer Feinde, auch wenn sie im Gewand von Schmeichlern auftreten. Also sollte sich der Erfolgreiche vor Neidern hüten – und besonders davor, durch allzu großen Erfolg den Neid der Götter zu erwecken.

Neider sind vor allem auf Zerstörung aus. Statt sich den Erfolgreichen zum Vorbild zu nehmen, sucht der Neider den Erfolg des anderen zu untergraben, etwa durch Intrigen und üble Nachrede. Hat der Neider damit Erfolg, verwandelt sich sein Neid in Häme. Nie habe ich die Geschichte vergessen, die meine Mutter mir erzählte: Zwei Brüder bekommen zu Ostern zwei Porzellanhasen geschenkt. Dem einen brechen durch einen dummen Zufall die Ohren seines Hasen ab, da geht er zu seinem Bruder und bricht auch dessen Hasen die Ohren ab. So destruktiv funktioniert der Neid.

Wir Deutschen sind wohl besonders neidisch. Anders als bei uns freut sich der Amerikaner über den Erfolg des andern. Dort zeigt man, was man erreicht hat – und versteckt seinen Reichtum nicht aus Angst vor öffentlicher Missgunst. Als ich noch Milliardär war, umgaben mich Heerscharen von Neidern. Und auch ich selbst war neidisch, etwa auf Menschen, die in ihren Unternehmungen weniger von den Banken abhingen als ich, die große Hebel bewegen konnten, ohne eigenes Geschäftsrisiko zu tragen. Ich beneidete die Bankvorstände, die jährlich Millionen verdienen und dabei kein größeres Risiko tragen, als einen goldenen Handschlag als Abfindung zu bekommen. Damals, auf der Höhe meines Ruhms, war ich neidischer als heute – weil ich noch nicht so viel Gelegenheit zur Selbstbesinnung hatte.

Neid kann man nur durch harte Arbeit an seinem Charakter überwinden – und das ist nicht eine Sache von Tagen oder Wochen. Da muss man längere Zeit ins Kloster oder ins Gefängnis gehen, denn Neid ist schwerer abzuschütteln als Hass.

Charisma und Teamgeist

Charisma ist die Ausstrahlung eines Menschen – der Funke, der überspringt. Charisma ist schwer zu beschreiben und leicht zu spüren. Charismatische Führungspersönlichkeiten reißen die Menschen mit und entfachen Begeisterung, ohne dass sie selbst genau wissen, wie sie das anstellen. Sie sind zutiefst von ihrem Ziel und ihrer Aufgabe überzeugt. Wenn man dagegen versucht, charismatisch zu wirken ohne es zu sein, geht es fast immer daneben. Charisma ist eine Ausstrahlung, die man hat oder nicht.

Charismatische Unternehmer sind in der Regel Besessene, die andere mit in ihren Energiestrudel reißen. Die Kraft der Besessenheit führt bis in höchste Höhen, aber sie läßt einen schnell jedes Maß vergessen. So kann dasselbe Charisma, das den Unternehmer erfolgreich macht, auch gefährlich werden, wenn er sich verspekuliert oder aufs falsche Pferd gesetzt hat. Alle, die seinem Charisma erlegen sind, stürzen mit in den Abgrund.

Als die Bankvorstände in meinem Prozess vom Richter gefragt wurden, warum sie so blauäugig meinen Kreditanträgen gefolgt seien, lautete die Antwort: Schuld war das Charisma und die Aura, die meine Person und meine Firma umgaben. Damals hielt ich das für eine lächerliche Ausrede – ungefähr so, als behauptete der Zuhälter, er habe seinen Anteil nicht kassieren können, weil die Dame so aufreizend gekleidet war. Dabei hatten sie die Wahrheit gesagt – denn meiner Person eilte ein Ruf wie Donnerhall voraus.

Charismatische Menschen können zum Verführer werden und andere Menschen ins Unglück stürzen. Die deutsche Geschichte ist voller Beispiele für diese verhängnisvolle Auswirkung des Charismas. Charismatiker entfachen einen Enthusiasmus, der dazu verführt, sachliche Prüfungen zu unterlassen.

Deshalb sollte man Charismatikern generell mit Vorsicht begegnen – denn ausgerechnet die, deren Stern am Himmel am hellsten leuchtet, finden sich unvermittelt in der Rolle der gefallenen Engel wieder. Das zeigt nicht nur mein Fall, auch die Haffas und Schambachs des Neuen Markts wissen ein Lied davon zu singen. Und natürlich erst recht die Gläubiger, die Gläubigen, die ihnen das anvertrauten, was sie für ihre größten Werte hielten – ihr Geld.

Von allen Eigenschaften, die Manager und Unternehmer brauchen, ist die Führungsqualität die wichtigste. Wenn Unternehmen in die Krise geraten, liegt es fast immer an mangelnder Führungsqualität. Zum Führen muss man eine gewisse Anlage mitbringen, aber man braucht vor allem Erfahrung. Beim Führen ist der ganze Mensch gefragt. Das wissen besonders Frauen, die oft hinter den Kulissen des männlichen Machtgebarens die eigentliche Regie führen. Mehr sage ich dazu nicht, denn über weibliche Führungsqualitäten sollten sich die Frauen selbst äußern. Meine Schwiegermutter liebte das russische Sprichwort: Männer sind der Kopf, aber Frauen sind der Hals.

Führen sollte Freude machen – denen, die führen, und ihren Schäfchen. Wer nicht wenigstens Sympathie für die Menschen empfindet, die er führt, kämpft auf verlorenem Posten. Dann stimmt schon die Auswahl der Mitarbeiter nicht. Wer keinen Blick für Menschen und ihre Potenziale hat, stellt garantiert den falschen Personalchef ein, und der besorgt dann den Rest.

Damit im Team alle Mitglieder zueinander passen, muss der Führer wissen und begründen können, warum er das Team so und nicht anders zusammengestellt hat. Natürlich gibt es auch im besten Team Konflikte und Eifersüchteleien, die erforscht und ausgeglichen werden wollen. Wer führt, muss dafür sorgen, dass die Energie nach vorn zum Unternehmensziel fließt und sich nicht in Auseinandersetzungen mit dem Nebenmann erschöpft. Ob scheinbar unüberbrückbare

Gegensätze im Team zur Grundlage für gänzlich neue Lösungen werden oder ein Firmenfiasko auslösen, hängt zum wesentlichen Teil von den Führungsqualitäten des Chefs ab. Seine Ausstrahlung hält das Team zusammen. Er glaubt an das Ziel und betet es täglich seinen Leuten vor, bis es ihnen in Fleisch und Blut übergegangen ist.

Bei aller Entschlossenheit, mit der ein Führer seine Aufgabe wahrnimmt, sollte er nicht zur Schreckensperson werden. Auch der beste Führer ist vor Irrtum nicht gefeit, und es wäre jammerschade, wenn ausgerechnet ihm selbst das verborgen bliebe.

Deshalb sollte ein fähiger Führer seine Mitarbeiter zu Widerspruch ermutigen – denn nichts ist tödlicher für die Kreativität als eine Betriebsatmosphäre, in der sich niemand mehr traut, die eigene Meinung zu äußern. Eine Sache muss solange begründet werden, bis sie entweder von den anderen verstanden oder von allen Beteiligten als Irrtum erkannt ist. Nur der unfähige Führer fürchtet Kritik und reagiert allergisch auf darauf. Wer stark ist, kann es sich leisten, auch mal Schwäche zu zeigen und mit Gleichmut zu ertragen, dass ein anderer eine bessere Idee hatte als er selbst.

Der Führer sollte den Teamgeist über alles stellen; was den Teamgeist fördert, dient dem Unternehmensziel. Der Führer kann sein Team nur dann glaubhaft motivieren, wenn er selbst in der Praxis zeigt, dass er bereit ist, jeden Einsatz für das Ziel zu bringen. In Krisensituationen sollte sich ein Führer nicht zu schade sein, ins Mannschaftsboot zu steigen und zusammen mit den anderen kräftig zu rudern.

Eine meiner Führungsdevisen lautete: Nachsicht mit den

Schwächen der Angestellten, solange ihre Stärken überwiegen. Diese Toleranz ist nicht zu verwechseln mit Laissezfaire; sie verlangt vom Führer die innere Disziplin, seine Macht nicht zu missbrauchen und seine Launen nicht auf dem Rücken seiner Untergebenen auszutoben. Wenn einer was falsch gemacht hat, ist es das Verkehrteste, ihn vor versammelter Mannschaft abzukanzeln. Ein guter Führer sollte immer dafür Sorge tragen, dass der Kritisierte sein Gesicht wahren kann. Viel besser ist es, sich selbst die Schuld zu geben – schließlich hat man den Betreffenden ja selbst ausgesucht – und zur Not sogar den, der Fehler gemacht hat, vor seinen Kollegen und Kolleginnen zu verteidigen. Solche eher ungewöhnlichen Akte erhöhen die Loyalität und erzeugen beim Gegenüber eine Bringschuld.

In meinem Team hatte ich einen Architekten, der in Entwurfsgestaltung und Technik große Fähigkeiten besaß und zudem ein feiner Mensch war. Er ließ sich aber bei Rechnungen von Handwerkern laufend beschummeln und schaffte es nicht, den Mogeleien energisch entgegenzutreten. Nur durch persönliches Eingreifen konnte ich erhebliche Vermögensverluste verhindern. Das hätte eigentlich eine Kündigung gerechtfertigt. Im Team hob ich aber seine besonderen Leistungen hervor und ließ die Handwerkerabrechnungen anderweitig prüfen. So hatte ich einen Mitarbeiter gewonnen, der mit Freude das tat, was er wirklich beherrschte, statt sich mit Dingen zu quälen, von denen er nichts verstand.

Der Teamgedanke sollte übrigens nicht allein für den engen Bereich des Unternehmens gelten. Eine weitverbreitete Schwäche von Unternehmern ist der Hang zur einsamen

Entscheidung. Es gibt in allen Lebenssituationen Menschen, denen man sich anvertrauen kann, und oft hält einen nur der eigene Hochmut davon ab, das auch zu tun. Mein Leben wäre anders verlaufen, wenn ich im entscheidenden Moment – als ich die Absetzbewegung aus Deutschland plante – einen anderen Menschen zu Rate gezogen hätte.

Leider kommt einen die Selbstherrlichkeit gerade in bedrohlichen Momenten besonders teuer zu stehen. Die Einbildung, aus eigener Kraft retten zu können, was durch Umstände, die man nicht unter Kontrolle hat, in Gefahr geraten ist, treibt den gefährdeten Unternehmer und die seinen noch tiefer in die Krise. So wird der eigene Erfolg zum Bumerang und das unternehmerische Selbstbewußtsein, mit dem man sich aufwärts schwang, zur tödlichen Falle.

Allen Menschen, die sich auf der Höhe ihres Erfolgs wähnen, kann ich daher nur raten, sich rechtzeitig zu wappnen und sich Vertraute zu suchen, die unbestechlich und einflußreich genug sind, um ihnen in der Krise beizustehen. Hilfe annehmen zu können, ist ebenso ein Zeichen von innerer Stärke wie die Fähigkeit, Kritik auszuhalten. Nur wer schwach ist, hat es nötig, ständig seine Stärke und Unabhängigkeit unter Beweis zu stellen.

Risikofaktoren und Schicksalsschläge

Die Macht der Medien

In unserer Gesellschaft sind die Medien zur vierten Gewalt geworden und spielen in Wirtschaft und Politik eine maßgebliche Rolle. Die Gier nach verkäuflichen Nachrichten treibt sie an. Wie sagte Roger de Weck kürzlich in einem Leitartikel der »Zeit«: »Im Kampf um die Aufmerksamkeit verletzen die Medien, die so gerne moralisch tun, eine Grenze nach der anderen.« Zeitungen und Fernsehsender sind Wirtschaftsunternehmen, die im Zweifel ihre ökonomische Macht einsetzen, um eigene Machenschaften zu vertuschen. Einzelne können sich gegen Übergriffe der Medien nur begrenzt wehren.

Wer als Unternehmer erfolgreich sein will, sollte sich daher medientauglich machen. Er sollte wissen, welches Potenzial in den Medien steckt, wenn er es für sich zu nutzen weiß, aber er sollte auch die existenziellen Gefahren kennen, die von den Medien ausgehen.

Als ich mein Geschäft aufbaute, konzentrierte ich alle Kräfte darauf, den schönen Schein zu wahren – und dazu gehörten nicht nur glänzende Fassaden, sondern auch eine positive Medienresonanz. So scheute ich keine finanziellen Mittel, um meine Projekte in gutem Licht erscheinen zu lassen. Nichts wäre schlimmer gewesen, als wenn ein Objekt etwa durch Leerstand »gestunken« hätte – daher subventionierte ich die Mieter bei meinen ersten großen Projekt, dem

Goldenen Kreuz in Baden-Baden, durch Mieterlasse und Kulturveranstaltungen. Das sorgte für eine positive Berichterstattung in den Lokalmedien, kurbelte die Umsätze der Mieter an und verbesserte nebenbei ihr Ansehen bei den Banken, die ihre Geschäfte auf Kredit finanziert hatten.

Bei aller Gewieftheit im Umgang mit den Medien konnte ich jedoch nicht ahnen, dass eines Tages der Spieß sich umdrehen und ich bzw. meine Familie zu ihrem Spielball werden würde. So überbot man sich nach unserem Rückzug nach Miami gegenseitig im Wettbewerb um die fetteste Zeitungsente. Kolporteure aus aller Herren Länder fanden Indizien für meine mehr oder weniger gleichzeitige Anwesenheit in Dubai, Liechtenstein, Brasilien, Kanada, den Caymaninseln, Nordirland und Paraguay. Währenddessen saß ich mit meiner Frau in einem einfachen Apartment in Florida und wunderte mich, warum man uns trotz deutlich erkennbarer Fluchtspuren nicht aufstöberte.

Der Einfluss der Medien trat in meinem Fall besonders krass zutage. Aber er kann auch in kleineren Dimensionen ungeahnte Wirkungen entfalten. Stellen Sie sich vor, Sie sind Gerüstebauer und haben einen Zehnmannbetrieb. Plötzlich stürzt auf einer Baustelle ein Gerüst Ihrer Firma ein, und am nächsten Tag verkünden es die Schlagzeilen der Lokalzeitung. Wenn Sie jetzt nicht wissen, wie Sie mit den Medien umgehen sollen, erleiden Sie neben den juristischen Auseinandersetzungen einen Imageschaden, der die Existenz Ihres Betriebs gefährden kann. In dieser Situation wegzulaufen oder sich zu verkriechen, wäre ein großer Fehler. Am besten Sie stellen sich gleich vor die Kamera und legen die Karten offen und ehrlich auf den Tisch.

Als Unternehmer sind Sie in einer Krise gefordert, den Zeitpunkt zu bestimmen, an dem es keinen Sinn mehr hat, die Wahrheit unter den Teppich zu kehren. Lügen ist zwar Teil der Überlebensstrategie, ohne die man im Haifischbecken nicht überleben kann. Wer aber gewohnt ist zu lügen, weiß nicht, wann er damit aufhören muss und wann es besser wäre, einen persönlichen Fehler offen einzugestehen. Das ist eine Sache des Fingerspitzengefühls. Wer nicht lügen kann oder will, hat ebenso schlechte Karten wie einer, der vor lauter Lügen nicht mehr die Wahrheit sagen kann. Wie überall im Leben kommt es auf die richtige Balance an.

Manchmal kann man sich die Macht der Medien auch geschickt zunutze machen. Gerade Unternehmen, die mit zweifelhaften Methoden der Umsatzsteigerung arbeiten, haben oft mehr Angst vor journalistischen Enthüllungen als vor juristischen Nachstellungen. Von einem Bekannten, Herrn Z. aus K., wurde mir folgende Geschichte zugetragen: Herr Z. hatte sich durch einen Freund, der für einen unabhängigen Finanzdienstleister arbeitete, zu einer Anlageberatung überreden lassen und auf dessen Rat hin Fondsanteile einer großen Gesellschaft erworben. Vierteljährlich bekam er Vermögensaufstellungen, die kleine Verluste signalisierten und ihm obendrein formal ziemlich dubios erschienen. Nach einem halben Jahr rief er bei dem Finanzdienstleistungsunternehmen an und behauptete, er sei ein auf Wirtschaftsthemen spezialisierter Journalist und würde Ermittlungen aufnehmen, falls nicht binnen einer Woche sein Investment zuzüglich 8 % Zinsen zurückflösse. Die Drohung wirkte.

Und immer droht der Knast

Moralisch leben Unternehmer im Zwiespalt: Einerseits wollen sie sich als Person durchaus moralisch verhalten, andererseits zwingt sie der Überlebenskampf in der Marktwirtschaft oft dazu, die Grenzen des Anstandes zu überschreiten. Ihre Position ist ständig bedroht, sie können nicht ruhen wie Beamte oder Dienst nach Vorschrift machen. Deshalb gehören Unternehmer auch zu denen, die sich moralischer Entrüstung (»den Heiligenschein der Scheinheiligen«, wie sie Helmut Qualtinger einmal nannte) weitgehend enthalten.

Als Unternehmer muß man mit einem gewissen Maß an Unmoral leben – schließlich leben wir nicht im Garten Eden. Nicht die Unmoral an sich halte ich für gefährlich – bekanntlich zeitigt die Kraft, die stets das Böse will, auch häufiger das Gute – gefährlich ist nur die Unbewusstheit, mit der die Unmoral praktiziert wird. Man vergisst, sich moralisch Rechenschaft abzulegen, weil der Kampf um harte Güter (Arbeitsplätze, Umsatz etc.) im Vordergrund steht. Und das kann sich bitter rächen, wenn man die Grenze zur Strafbarkeit überschreitet und dabei erwischt wird.

Diese Grenze ist für einen Unternehmer häufig nicht exakt zu bestimmen. Deshalb sollte man sein unternehmerisches Handeln strafrechtlich prüfen lassen, bevor es zu spät ist. Ich hatte es in meinen Unternehmerleben mit einer Heerschar von Juristen zu tun, die allerdings durchweg Zivilrechtler waren und – wie ich später erfahren musste – eine ganz andere Denke als Strafrechtler haben.

Wenn der Ernstfall erst eingetreten ist, strafrechtliche Ermittlungen laufen oder man in Untersuchungshaft sitzt, ist es für die ruhige Suche nach einem Strafverteidiger zu spät.

Gefängnis bedeutet immer auch eine Art von Realitätsverlust – und in einer solchen Situation greift man nach jedem sich bietenden Strohhalm. Wenn man ganz der Tüchtigkeit seiner Anwälte ausgeliefert ist, gerät man schlimmstenfalls vom Regen in die Traufe.

So ging es jedenfalls mir, als ich im Knast von Miami saß: Bis ich die Verteidiger gefunden hatte, die mein Vertrauen verdienten, musste ich mich mit Heerscharen von Halsabschneidern und Ignoranten herumschlagen.

Wenn ich rechtzeitig juristische Vorsorge getroffen hätte, wäre mein Fall ganz anders abgelaufen. Die aus Einsamkeit geborene Strategie, mich einfach ins Ausland abzusetzen, hätte ich mit einem erfahrenen Strafverteidiger meines Vertrauens vorher abstimmen können – dann wäre das ganz große Desaster aller Voraussicht nach ausgeblieben. Nachträglich muss ich zugeben: Für diesen Schritt war ich damals zu naiv.

Als Insasse der Justizvollzugsanstalt Preungesheim begegnete ich etlichen Unternehmern, die sich ebenfalls aus Naivität strafbar gemacht hatten oder durch eine unglückliche Verkettung von Umständen im Knast gelandet waren. So lernte ich einen Gastwirt kennen, der von einem Konkurrenten im gleichen Ort bezichtigt worden war, ihm nach Leib und Leben getrachtet zu haben. Er wurde angeklagt, kam in U-Haft, und sein Verteidiger konnte den Tatverdacht gegen ihn nicht entkräften. Während der zweijährigen Haftzeit ging die Gastwirtschaft pleite. In erster Instanz wurde er zu sechs Jahren verurteilt, im anschließenden Revisionsverfahren jedoch wegen erwiesener Unschuld sofort freigesprochen. Dennoch hatte er seine Existenz verloren.

Wer kann ausschließen, dass so etwas sich auch in seinem Leben ereignet? Auch wenn einen das Unglück nicht in so drastischer Form ereilt – oft sind es kleine Anlässe, die ein Machtimperium ins Wanken bringen. Wer Macht und Einfluss hat, muss es mit den Gesetzen nicht so genau nehmen, weil ihn niemand anklagen kann und Mitwisser auch immer Mitschuldige oder Mitbegünstigte sind.

Aber wehe, das Imperium wackelt – egal, ob es eine große oder kleine Firma oder Organisation ist – dann stellt sich plötzlich die Frage nach der Strafbarkeit. Was zuvor noch grau und unbestimmt war, erscheint plötzlich als rabenschwarze Kriminalität – ohne dass sich faktisch an der Sache etwas geändert hat.

Deshalb rate ich dringend allen Unternehmern (aber auch Politikern) zu juristischer Vorsorge. Und um genau zu wissen, wo das Handeln in der Grauzone in schuldhaftes Versagen umschlägt, sollten Sie kontinuierlich Kontakt zu einem Strafverteidiger Ihres Vertrauens pflegen. Ein guter Strafverteidiger teilt mit einem erfolgreichen Unternehmer die Fähigkeit, in schwierigen Lagen zu taktieren – und das macht ihn zu einem wertvollen Bundesgenossen.

GmbH statt GBR

Heutzutage sind aus Sicherheitsgründen viele Einmannbetriebe als GmbH organisiert. Solange Sie Ihre Pflichten als Geschäftsführer kennen, kann Ihnen bei dieser Rechtsform nichts schlimmeres als der Verlust des eingesetzten Kapitals passieren. Wenn Sie allerdings in Unkenntnis dieser Gesellschaftspflichten fahrlässig handeln, sind Sie persönlich mit ihren Privatvermögen dran.

Ein Beispiel: Der Geschäftsführer einer kleinen GmbH gerät in Zahlungsverzug bei seinen Lieferanten, weil ein großer Kunde nicht zahlt. Der Geschäftsführer hofft auf die Begleichung seiner Außenstände, bis sich herausstellt, dass der Großkunde ebenfalls zahlungsunfähig ist. In bester Absicht hat sich der Geschäftsführer nun strafbar gemacht, weil er den Konkurs der von ihm geführten Firma verschleppt hat – und das bedeutet, dass er für den daraus entstandenen Schaden persönlich haften muss. Das sind Fälle von unbeabsichtigter Wirtschaftskriminalität, an denen zahlreiche Existenzen schon zugrunde gegangen sind.

Auch wenn ich stets dazu rate, statt der GBR eine im Unterhalt teurere GmbH als Rechtsform zu wählen, sollte man sich nach diesem Schritt keinesfalls in falscher Sicherheit wiegen. Denn die beschränkte Haftung zählt nur, wenn ein persönliches, schuldhaftes Versagen ausgeschlossen werden kann. Außerdem müssen auch Geschäftsführer einer GmbH oft noch private Zusatzsicherheiten leisten, um an begehrte Kredite zu kommen. Dennoch überwiegen die Vorteile der GmbH – die Risiken bleiben für den Eigner überschaubar.

Mein größter, aus trügerischem Sicherheitsgefühl begangener Fehler war die Führung der Geschäfte als persönlich haftender Gesellschafter. Nur deshalb habe ich mein Vermögen verloren. Dass diese Entscheidung falsch war, wurde mir in dem Maß klarer, wie meine Geschäfte an Größe gewannen und damit risikoreicher wurden. Nur ist es nicht so leicht, unterwegs die Pferde zu wechseln. Hätte ich etwa einfach umfirmiert, wären die Banken, denen meine persönliche Haftung als Vertrauensbeweis galt, sofort misstrauisch geworden und hätten mir die gesamten Kredite gekündigt. Der einzige Ausweg, der mir blieb, war die nachträgliche Gründung von rechtlich unabhängigen Aktiengesellschaften mit Verweis auf meine Nachfolge bei Todesfall. Sie waren jedoch reine Dienstleister – eine AG für die Vermögensverwaltung, die andere für die bautechnischen Belange und die dritte für das Management der Häuser – und ihre Einrichtung änderte nichts daran, dass ich nach wie vor mit dem gesamten Familienvermögen haftete. Eine Bank, die einmal eine Sicherheit bekommen hat, wird sie nicht mehr loslassen – auch wenn es sich dabei um eine leichtfertig gewährte Übersicherung handelt.

Alles, was ein Unternehmer anfängt, enthält eine Spekulation auf eine ungewisse Zukunft. Daher rate ich zur Haftungsbeschränkung – der Familie zuliebe.

Das ideale Portfolio

Rückblickend hatte ich das falsche Portfolio, nämlich 90% Immobilien. In heutigen Zeiten stellt ein solches Portfolio eine ungesunde Einseitigkeit dar. Im Idealfall sollten Sie vier verschiedene Vermögenskategorien haben:
20-30 % Immobilien
20-30 % Festverzinsliche Staatsanleihen
20-30 % Aktien
20-30 % Festgelder, bewegliches Vermögen

Immobilien und solide Aktien stehen sich im Verlust- und Gewinnrisiko nichts mehr nach. Von einer stetigen Wertsteigerung kann durch die sich schneller drehenden Konjunkturzyklen nicht mehr ausgegangen werden. Immobilien haben zudem den Nachteil, dass sie sich nur sehr langsam in flüssiges Geld verwandeln lassen, im Gegensatz zu Aktien, die sich jederzeit verkaufen lassen. Daher nennt man sie ja auch immobil. Es handelt sich zudem um große und oft leicht bestreitbare Werte, die nicht gestückelt werden können. Noch schlimmer ist es, wenn Sie eine Immobilie beliehen haben und plötzlich Geld brauchen; dann verwandelt sich die Immobilie in eine Bombe, die Ihr Vermögen zertrümmert.

Vor ein paar Jahren erhielt ich den verzweifelten Brief einer Leipzigerin, die auf Anraten der Bank ihr Haus belastet hatte, um im Erdgeschoss ein Elektrogeschäft zu eröffnen. Der Wert des Hauses überstieg erheblich den Kreditbetrag. Das Elektrogeschäft kam im Zuge der nachlassenden Ostkonjunktur und in Folge einer langwierigen Krankheit in Liquiditätsnöte. Die Bank bewertete das Haus nun willkürlich viel zu niedrig und drohte mit Kreditkündigung. Der Totalverlust ihres Vermögens stand an – und Bank profitierte davon.

Bei einem soliden Aktiendepot gibt es kein Bewertungsrisiko solcher Art. Beim Verkauf kann man auf die Hilfe der Bank verzichten.

Festverzinsliche Staatsanleihen sind der Königsweg für den, der ruhig schlafen will. Dafür muss man sich mit einem bescheidenen Ertrag zufrieden geben. Ich respektiere alle, die mit zunehmenden Alter den Anteil der Staatsanleihen im

Portfolio extrem vergrößern, um in Ruhe ihr Vermögen zu verzehren und den Rest zu vererben.

Nachfolgeregelungen und Erbe

Aufgabe des Seniorunternehmers ist es, ein Konzept für die »Zeit danach« zu entwickeln, das seiner Persönlichkeit entspricht. Er setzt sonst nicht nur sein eigenes Lebensgück auf Spiel, sondern auch den weiteren Erfolg seiner Firma – etwa, wenn er aus Überdruss am Reisen und Golfspielen den Nachfolger peinigt.

Eine Nachfolgeregelung ist um so heikler, je stärker die Unternehmerpersönlichkeit ist. So jemand duldet in der Regel keine andere starke Persönlichkeit. Wie im Tierreich beißen sich zwei Starke gern. Vielen fällt das freiwillige Abtreten schwer. Der Unternehmer war erfolgreich wegen seiner Durchsetzungsstärke, und plötzlich soll er abtreten? Der Halsstarrigkeit ist schon manches Unternehmen zum Opfer gefallen.

Andere wollen abtreten, können aber nicht mit ansehen, wie potenzielle Nachfolger Fehler machen, und behalten dann doch das Ruder in der Hand – auf die Gefahr hin, dass der Nachfolger sich nicht ernst genommen fühlt und abspringt. Hinzu kommt, dass für den Unternehmer die Suche nach Nachfolgern unter seinen Angestellten nicht leicht ist. Wen auch immer man zum Kronprinzen macht – sofort hat man es mit der Eifersucht der anderen leitenden Mitarbeiter zu tun. Gewohnte Verhandlungsstärken greifen hier nicht, weil man gegen sich selbst verhandeln muss. Das aber hat kaum ein Unternehmer geübt. In solchen Fällen ist es sinnvoll, auf die Dienste eines erfahrenen Führungscoaches zurückzugreifen.

Wenn die Firma groß genug ist, kann man eine AG gründen und einen Vorstand einsetzen, der sich seinen eigenen Vorsitzenden sucht. Nur muß man dabei aufpassen, dass man nicht lauter Schwachköpfe an die Schalthebel setzt.

Jeden Unternehmer treibt auch die Sorge, dass die Firma nach seinem Ausstieg anständig weitergeführt wird. Zu diesem Zweck hatte ich damals drei eigenständige Aktiengesellschaften gegründet, an denen meine Kinder Anteile haben sollten. Der Gang der Geschichte zeigte, dass diese Art der Vorsorge überflüssig war. Aber allen, die weniger übermütig als ich sind, rate ich dringend, sich rechtzeitig um qualifizierte Nachfolge zu kümmern und vor allen Dingen den eigenen Kindern freizustellen, ob sie in die Fußstapfen des Seniors treten oder etwas ganz anderes machen wollen.

Nichts ist schlimmer für einen erfolgreichen Unternehmer als die Vorstellung, dass Streitigkeiten um die Früchte seiner Arbeit eines Tages die Familienverhältnisse in der nachfolgenden Generation zerrütten. Dennoch geschieht eben das in vielen Unternehmerfamilien.

Ich persönlich bin dankbar dafür, dass in meiner Familie großzügige Solidarität geübt wird. So können wir nach der Pleite von dem Teil des väterlichen Vermögens leben, der auf unsere Kinder überging. Dass mein Vater mich schon frühzeitig, lange bevor ich mit dem Aufbau meines eigenen Geschäftsimperiums begann, enterbt hatte, erwies sich im Nachhinein somit als Segen.

Normalerweise, wenn ein Unternehmer pleite geht, sorgt

die Frau weiter für den Unterhalt. Da in meinem Fall auch das ererbte Vermögen meiner Frau aufgrund unserer gemeinsamen persönlichen Haftung in die Konkursmasse einging, haben die Kinder die Ernährerrolle freiwillig übernommen.

Ein großes Erbe muß nicht zwangläufig ein großes Glück für eine Familie bedeuten. »Viel Geld schafft mehr Probleme, als es zu lösen vermag«, sagte der Öl-Milliardär Getty einmal zu diesem Thema. Ein Unternehmer, der diesen Satz beherzigt, wird eine gute Lösung für seine Vermögensverhältnisse finden.

Was Werte wirklich wert sind, zeigt sich besonders deutlich beim Erbfall. Erbangelegenheiten können Familien auseinander sprengen oder zusammen schweißen; ersteres ist die Regel, letzteres die Ausnahme. So mancher Erblasser will mit seinen materiellen Werten am liebsten auch seine Wertorientierungen vererben – das führt automatisch zum Konflikt, weil die Nachkommen in der Regel andere Vorstellungen haben.

In einer solchen Situation steht die Familienkultur auf dem Prüfstand. Wenn der Erblasser die Anpassung und Unterordnung einzelner Erben materiell belohnt oder auf andere Weise den Zwist unter seinen Nachfolgern schürt, legt er damit die Grundlage für jahrzehntelange Familiendramen.

Deshalb sollten Erblasser mit der gleichen Hingabe, mit der sie ihr Unternehmen oder ihr Privatvermögen aufbauen, an einer solidarischen Familienkultur arbeiten. Sie lässt sich nicht per Dekret herbeiführen, da sie der freiwilligen Zustimmung aller Familienmitglieder bedarf. Erst wenn die Familie eine gewachsene Wertegemeinschaft ist, können die materiellen Werte eine segensreiche Wirkung entfalten.

Wenn ein Erblasser seinen Beitrag für einen friedlichen Übergang des Vermögens auf die nachfolgende Generation leisten will, sollte er sein Testament mit den Erben abstimmen, sie nach ihren Wünschen fragen und sie auch befolgen. Dabei kann natürlich Zwist entstehen, der hat aber den Vorteil, dass er unter den Augen des Erblassers stattfindet und ein gewisser Druck zur Einigung vorhanden ist. Schließlich steht dem Erblasser noch immer die Möglichkeit frei, das ganze Erbe einer gemeinnützigen Stiftung zu überlassen, falls das Konfliktpotenzial bei den Erben ihm zu hoch erscheint.

Konkurse gehören dazu

Ein Unternehmer kann im Knast landen, von den Medien fertig gemacht werden oder an mangelnder Liquidität zugrunde gehen. Das ist kein Grund zum Jammern und Klagen, denn es gehört einfach zum Unternehmerdasein, Verantwortung zu übernehmen.

Deshalb sage ich: Wer in Konkurs geht, ist selber schuld. Auch wenn er dabei das Opfer finsterer Machenschaften wurde – er hätte sich ja vorher besser informieren können. Wer einmal sagt: »Ich bin Unternehmer«, muss hinterher dafür geradestehen und kann nicht die Umstände verantwortlich machen. Dann hätte er sich lieber gleich einen Angestelltenjob suchen sollen.

Zum Gewinn gehört nun mal das Risiko: Hier wartet der

große Erfolg, dort der große Absturz. Wer abrutscht, ist selbst schuld.

Konkurse sind normaler Bestandteil der Marktwirtschaft. Die Freiheit der Marktwirktschaft ist auch die Freiheit zu scheitern – das zeigt sich auch an den großen technischen Durchbrüchen in der Wirtschaftsgeschichte, bei denen auf einen Gewinner Dutzende, oft Hunderte Verlierer kamen. Man kann auch nicht alle Unternehmen so sanft auffangen wie der Kanzler Schröder den Holzmann-Konzern – sonst hätten wir eine Staatswirtschaft. Neue Unternehmen werden geboren, alte gehen zugrunde. Es setzt sich eben nur das durch, was lebensfähig ist. Das ist wie in einem Biotop – wenn man dort künstlich eingreift, gerät es aus dem Gleichgewicht.

Wölfe im Schafspelz: Die Banken

Die Banken sind das Herz im Wirtschaftsorganismus. Sie pumpen Geld in den Wirtschaftskreislauf und sind deshalb zu Recht mächtig, denn eine gesunde Wirtschaft braucht ein starkes Herz. Leider reicht die Macht unserer Banken bis in die Politik und über die Ministerien in die Staatsanwaltschaften hinein.

Unter anderem hat mein Prozess gezeigt, wie groß der politische Einfluss der Banken ist. Da die Ermittlungshoheit allein bei den Staatsanwaltschaften und nicht bei den Richtern liegt, konnte gegen die Banken in meinem Fall kein Prozess geführt werden. Auch ich verzichtete darauf, die Umstände meiner Konkurserklärung, die ausschließlich auf Druck der Deutschen Bank erfolgte, gerichtlich klären zu lassen. Zum Zeitpunkt der Konkurseröffnung war ich nämlich alles andere als illiquide. (600 Millionen lagerten immerhin noch auf Festgeldkonten.)

Das geschah nicht nur aus prozesstaktischen Gründen – gleichzeitige Schuldeingeständnisse und Angriffe auf Banken hätten sich gegenseitig behindert –, sondern auch deshalb, weil mir alle in Frage kommenden namhaften Zivilanwälte absagten: Keiner wollte es sich mit den Banken verscherzen, denn in irgendeinem Gremium eines ihrer großen Mandanten saß ganz bestimmt eine Bank. Sobald Wirtschaftsverfahren ein gewisses Volumen erreichen, werden sie automatisch zu politischen Prozessen, bei denen das politische Kalkül Recht und Gesetz in den Hintergrund treten lassen. Nur so erklärt sich, warum der Staatsanwalt nicht Anklage gegen die Banken erhoben hat – denn Indizien für eine Mitschuld an dem Desaster gab es zuhauf. So blieb es im Urteilsspruch bei der »besonders hohen Mitverantwortung der Banken«.

Bei der gegenwärtigen Machtfülle der Banken ist es für Privatleute, aber auch für mittlere Unternehmen unmöglich, bei wirtschaftlichen Übergriffen der Banken, wie z.b. in Konkursfällen, zivilrechtlich gegen die Bankenwillkür vorzugehen. Rein theoretisch hätten sie die Möglichkeit – praktisch haben sie kaum eine Chance.

Sich mit den Banken in ihrer Machtfülle anzulegen, traut sich keine gesellschaftliche Instanz.

Das ist ein Schwachpunkt in der demokratischen Marktwirtschaft.

Die Banken müssen besser kontrolliert werden – Kontrollinstitutionen wie das Bundesaufsichtsamt für das Kreditwesen reichen bei weitem nicht aus. Etliche Menschen in verantwortungsvollen gesellschaftlichen Positionen sind hinter vorgehaltener Hand sogar der Ansicht, dass es sich bei den Banken um die größten kriminellen Vereinigungen im Land handelt. Kein Wunder bei dem Geschäftgebaren, das die Banken an den Tag legen.

Wir brauchen einen unabhängigen Verbraucherschutz in Bezug auf die Banken – die privilegierte Sonderstellung, die sie noch immer gegenüber anderen Branchen haben, sollte durch den Gesetzgeber beendet werden. Des weiteren müsste die Geltung des AGB-Gesetzes bei Bankprodukten verstärkt werden. Dort ist die Rechtsprechung noch lange nicht bei einem so verbraucherfreundlichen Standard wie in der Bauwirtschaft angelangt.

Bürokratie und Blendwerk

Vereinfacht gesagt bestehen Banken aus drei Instanzen: Die erste sitzt vor Ort in Gestalt eines Bankdirektors oder Filialleiters, der allein oder gemeinsam mit einem von der Bank beauftragten Agenten die Geschäfte einfädelt.

Die zweite Instanz ist eine zahlenmäßig große, aber im verborgenen wirkende Kontrollorganisation, meistens Angestellte der Bank, manchmal auch externe Sachverständige.

Die dritte und zugleich oberste Instanz ist das zuständige Entscheidungsgremium, zum Beispiel der Vorstand, in dem in der Regel einstimmige Entscheidungen getroffen werden.

Bei mir lief es so: Ich präsentierte der ersten Instanz verheißungsvolle Zukunftsprojekte. Die wendete sich in Erwartung eines karriereförderlichen Bonus unter Umgehung der hausinternen Kontrolle gleich an die oberste Instanz und berichtet von dem vielversprechenden Angebot. Ist das Verheißungspotenzial groß genug gewesen – jedes Vorstandsmitglied schmückt sich gern mit den Federn prestigeträchtiger Projekte –, gelangen die Projektunterlagen nunmehr erst an die zweite Instanz, allerdings versehen mit dem kleinen, aber entscheidenden Vermerk: »Vorstand will.«

Die in den Banken praktizierte Hierarchie verlangt nun, dass die Prüfergebnisse positiv ausfallen. Ansonsten würde der zuständige Sachbearbeiter ein persönliches Karriererisiko für sich eingehen. Nach ihrer Kooperationsbereitschaft werden auch die externen Sachverständigen ausgewählt. Professionelle Erfahrung lehrt, wer welche Projekte wohlwollend bewertet und wer stets kritisch und risikoscheu ist – also wählt man den wohlwollenden Gutachter. Dass dieses

Vorgehen möglich ist, liegt in der Natur der Sache: Es werden schließlich nicht harte Eigenschaften und unstrittige Fakten existierender Objekte untersucht, sondern weiche Faktoren wie Markt, Trend und Lage, die derart starken Schwankungen unterworfen sind, dass zwei Gutachter zu diametral entgegengesetzten Empfehlungen bei ein und demselben Projekt kommen können.

Nach Abschluss der Kontrollprozedur landet – in stark verkürzter Form – eine Beschlussvorlage auf dem Tisch des Vorstands, die all die gewünschten Bewertungen von verschiedenen, scheinbar unabhängigen Seiten enthält. Der Vorstand hat sich nun potemkimsche Dörfer geschaffen: Eine scheinbar objektive Wirklichkeit, die den eigenen Wunschvorstellungen entspricht.

Wenn Sie als Kunde mit einer Bank ins (Kredit-)Geschäft kommen wollen, brauchen Sie also zweierlei: Erstens das passende Blendwerk, die stimmige Fassade, die Sie als seriösen Geschäftsmann ausweist. Vor allem aber sollten Sie die Gier Ihres Gegenübers wecken können – damit haben Sie das Spiel schon fast gewonnen.

Spitzbube Bank

Wer als Kunde eine Bank betritt, sollte sich immer das Motto aus Dantes Inferno vergegenwärtigen: »Ihr, die Ihr hier eintretet, lasset alle Hoffnung fahren...« Nirgendwo anders im Geschäftsleben ist die Machtverteilung so ungleich: Hier der vereinzelte, lokal gebundene und in der Regel unerfahrene Kunde mit Liquiditäts- oder Anlagebedarf, dort die mächtige, per Fusionitis global agierende Bank mit unermesslichen Liquiditätsreserven und Heerscharen von Anwälten, Ökonomen und Finanzspezialisten.

Vertrauen ist das Schlüsselwort, mit dem die Banken Kunden werben – aber für Sie als Kunde zählt nur, was Sie schriftlich haben. Wenn Sie sich auf die mündliche Zusage eines Bankers im Frühstadium eines Geschäfts verlassen, ziehen Sie im Zweifelsfall den Kürzeren. Egal, ob es sich um Kreditzusagen oder Provisionsauskünfte handelt – der Lockruf soll sie nur ködern. Deshalb sollten Sie sich alles schriftlich geben lassen, selbst wenn dadurch atmosphärische Irritationen entstehen. Mündliche Versprechen der Bank sind nicht viel wert. Wenn es problematisch wird, setzt das große Vergessen ein.

Dank des Machtgefälles muss die Bank sich keine juristischen Sorgen machen, wenn Sie sich hinterher übers Ohr gehauen fühlen. Auch wenn man Ihnen anfangs schmeichelt, vergessen Sie nie: Der Bank ist ein Kunde nur so viel wert, wie sich mit ihm Geld verdienen läßt.

Auch mit ihrer betuchteren Klientel gehen die Banken nicht unbedingt zimperlich um. Neulich berichtete mir mein entfernter Bekannter W.K., der im Immobiliengewerbe tätig ist, was ihm mit seiner Hausbank widerfahren war: Er hatte wegen eines Kredits für ein Grundstück nachgefragt, das er kaufen und bebauen wollte. Einen ernsthaften Mietinteressenten für das fertige Objekt hatte er schon an der Hand. Die Bank hielt ihn eine Weile hin und erteilte ihm unter fadenscheinigen Vorwänden schließlich eine Absage. Wenig später erfuhr er den wahren Grund: Die Bank hatte sich die Information über den potenziellen Mieter zunutze gemacht, diesem ein etwas günstigeres Angebot unterbreitet und anschließend das Immobiliengeschäft selbst in die Hand genommen. So kann es einem gehen, wenn man den falschen Leuten vertraut.

Sogar im kleinen Alltagsgeschäft versucht die Bank, ihre Kunden nach Möglichkeit übers Ohr zu hauen. Wenn Sie nach einem Kleinkredit fragen, müssen Sie damit rechnen, selbstverständlich die teuerste Kreditart angedreht bekommen. Bei der Gebührenabrechnung setzen die Banken darauf, dass der Kunde nicht so genau hinschaut oder sich nicht traut aufzumucken. Im Zweifelsfall hat es sich immer um ein Versehen gehandelt – ohne jede systematische Absicht. Neulich hörte ich von einem anderen Bekannten eine typische Geschichte: Er wollte Aktien an der kanadischen Börse kaufen und erkundigte sich bei der Zweigstelle seiner Bank nach der Höhe der dabei anfallenden Provisionen. Gleich zwei Bankberater nahmen sich des Problems an und nannten ihm einen Betrag, der ihm günstig erschien. Auf der Abrechnung erschien jedoch der doppelte Betrag als Provisionsabzug. Mein Bekannter war empört, und als er den Sachbearbeiter zur Rede stellte, bekam er zu hören: »Wir dachten, Sie hätten sich nur nach den inländischen Provisionen erkundigt.« Das ist ungefähr so, als gäbe ein Spediteur für den Kostenvorschlag eines Klaviertransports von Köln nach New York nur die Frachtkosten bis Hamburg an. Schließlich, nach langen Verhandlungen, erreichte der Bekannte, dass die Hälfte des Mehrbetrags aus »Kulanz« erstattet wurde. Hätte er sich das ursprüngliche Angebot schriftlich geben lassen, wäre ihm vermutlich die ganze Summe erstattet worden.

Die millionenfachen Transaktionen, bei denen tagtäglich Währungseinheiten hin- und hergeschoben worden – auch sie erhöhen die Liquidität der Banken. Das Zauberwort heißt Wertstellung. Früher konnten sie sich noch mehr Zeit damit lassen, mehrere Tage oder bis zu einer Woche gar, um das Geld von der einen Bank zur anderen zu schieben. Heute ist die Kundschaft hellhöriger geworden und der Spielraum enger. Aber das Geschäft mit der künstlichen Verzögerung funktioniert noch immer, obwohl der Unmut der Kunden immer größer wird. Mausklicks dauern bedauerlicherweise nicht sonderlich lange, und so können die Banken immer schwerer rechtfertigen, warum es für Kunden mitunter schneller geht, wann sie ihr Geld persönlich von Bank zu Bank transferieren, um die Wertstellung zu beschleunigen.

Bei Kreditvergaben verfolgen Banken stets das Ziel der Übersicherung – möglichst wenig Geld soll für möglichst viel Sicherheit gegeben werden. Dazu bedienen sie sich gegenüber ihren in der Regel kleineren und unerfahreneren Kunden eines ausgeklügeltes Systems an kleingedruckten Vertragsparagrafen, die unter anderem dem Zugriff auf stille Kreditsicherheiten dienen. Der Kredit wird nur gewährt, wenn der Kunde nicht nur den beliehenen Gegenstand, sondern auch sein Gehalt, Warenlager und andere Eigentumsbestandteile mitverpfändet. Wenn nun der Kreditnehmer in einer Notsituation weiteres Geld braucht und diese Vermögensgegenstände regulär beleihen will, kann die Bank mit dem Hinweis auf die Sicherheitsklausel weitere Kredite verweigern – und hat damit den Kunden in der Hand. Allein eine zweideutige Bemerkung in den Medien über Sie oder ihre Firma reicht einer Bank, um Blockademaßnahmen einzuleiten und sich den Zugriff auf Ihr Vermögen zu sichern. Denn die zur Verfügung gestellten Sicherheiten können im Konkursfall, der durch diese Bankblockade ausgelöst werden kann, geräuschlos und ohne rechtliche Gegenwehr in den Besitz der Bank übergehen. Für Sie ist das dann ein wirklich teurer Kredit geworden, für die Bank hingegen ein lukratives Geschäft.

Bloß nicht beeindrucken lassen

Banken sind Weltmeister darin, das Geschäft, das sie mit Ihnen machen wollen, herablassend als großzügige Gabe hinzustellen. Denken Sie immer daran: Sie sind der Kunde, an Ihre Ideen, an Ihr Geld will die Bank kommen. Machen Sie sich auf keinen Fall die Sicht der Banken zu eigen, die Sie zum kleinen Bittsteller degradiert. Kredite zu vergeben gehört schließlich zum Kerngeschäft von Banken.

Zeigen Sie sich als informierter Kunde – das hat schon so manchem bessere Vertragskonditioen beschert. Erwähnen Sie die Bankenkonkurrenz, die sich ebenfalls bemüht. Wenn Ihnen das gelingt, haben Sie bereits Punkte im Machtpoker gesammelt – das Blendwerk hat nicht gewirkt. Und präsentieren Sie sorgfältige, durch Gutachter geprüfte Unterlagen, die den Banken den Mund wässrig machen, denn ein Banker lebt von beschriebenem Papier und schönen, bunten Zeichnungen. Aber achten Sie darauf, dass die Unterlagen keine bewussten Fehler enthalten – sonst geht es Ihnen noch so wie mir.

Wenn Ihre Geschäfte ein etwas größeres Volumen haben,

können Sie durchaus den Versuch unternehmen, die Banker zu Ihnen zu bestellen. Das demonstriert – selbst wenn Sie sich mit dem Vorschlag nicht durchsetzen – Ihre selbstbewusste Überzeugung, ein hervorragendes Produkt zu haben.

Aber erwarten Sie bei diesem Vorgehen nicht zu viel – die neunstelligen Summen, die mir ins Schlösschen getragen wurden, werden Sie ohne Inflation nicht so schnell bekommen.

Die Kunst des Verhandelns

Wünsche sind gefühlsbeladene Vorstellungen, die oft sehr vage sind. Wünsche haben keine Beine. Man kann sich wünschen, reich und erfolgreich zu sein, aber solche Wünsche können erst in Erfüllung gehen, wenn sie zu Zielen werden. Ziele sind analytisch aufgebaut, haben eine Form, und es führen Wege dorthin.

Wenn ich nicht weiß, wie ich zum Ziel komme, muss ich Block und Bleistift – oder den Computer – nehmen und alles aufschreiben, was mir zu meinem Wunsch einfällt – auch Unsinniges und Abwegiges. Die Schriftform ist unerlässlich, sie hilft auch, das Gehirn für kreative Einfälle frei zu halten.

Viele meinen, sie könnten alles aus dem Ärmel schütteln, und verlassen sich darauf, dass sie spontan richtig reagieren. Die gründliche Vorbereitung aber schafft eine Sicherheit, die Spontaneität nicht ausschließt. Die kühnen Sprünge am Trapez kann nur wagen, wer weiß, dass unten ein Netz wartet.

Obwohl ich beileibe nicht der erste bin, der diese Weisheit verkündet, stelle ich immer wieder fest, dass nur wenige sie beherzigen. Die meisten glauben, sie hätten es aufgrund ihres Alters oder ihrer Berufserfahrung nicht nötig, sich wie Schulkinder akribisch vorzubereiten. Diejenigen aber, die es tun, profitieren von der Nachlässigkeit der anderen.

Erfolgreiche Menschen wissen genau, was sie wollen, und zwar in jedem Moment. Im Gegensatz zu Träumern kämpfen sie für ihre Ziele – Millimeter um Millimeter – und bewegen damit langsam, aber stetig Berge.

Sich auf den Stuhl des anderen setzen

Generell gilt bei Verhandlungen: Man muss die Situation analysieren und sich mögliche Hindernisse vor Augen führen. Ich muss mir vergegenwärtigen, was ich bei der Verhandlung erreichen will. Und dazu muss ich alle Verhandlungsziele haarklein und im Detail aufschreiben. Dann setze ich mich innerlich auf den Stuhl meines Verhandlungspartners und betrachte diese Ziele aus seiner Sicht. Was wird er dagegen einwenden? Wie lautet meine Antwort auf seinen Einwand? Je mehr Eventualitäten bedacht werden, desto überzeugender ist der Auftritt in der Verhandlungssituation.

Es ist wie am Spieltisch: Ich muss wissen, welche Asse ich auf der Hand habe und welche das Gegenüber.

Oft führte ich schwierige Verhandlungen, bei denen meine Leute vorher munkelten: »Das schafft der nie.« Ich setzte mich aber doch durch, weil ich mir vorher alle Eventualitäten gut überlegt hatte. Am Verhandlungstisch musste ich dann innerlich oft schmunzeln, wenn sich mein Gegenüber genauso verhielt, wie ich es vorhergesehen hatte. Manchmal gab den Ausschlag, dass ich dem anderen eine gute Begründung lieferte, wie er seine Entscheidung vor den Vorgesetzten rechtfertigen konnte.

Wenn ich mich lange genug auf den Stuhl des anderen setze, formt sich allmählich ein Bild seiner Person, seiner Reaktionen, seiner Verhaltensmuster. Mein Spielraum ist um so größer, je besser ich meinen Verhandlungspartner kenne. Unvorbereitet in eine wichtige Besprechung zu gehen, ist ungefähr so, als wollte ich ein Haus ohne Plan bauen.

Ein Beispiel: Anfang 1994 kam die Nord LB Bank zu mir

und verlangte die Bereitstellung von 60 Millionen als nachträgliche Zusatzsicherheit für einen ausbezahlten Kreditbetrag über 131 Millionen für ein Berliner Objekt. Der Grund war: Man munkelte über meinen Ruf, und mit der Immobilienkonjunktur ging es bereits bergab. Also sah die Bank die Werthaltigkeit des Kredits nicht mehr gegeben und wollte sich schnell, bevor andere Banken auf die gleiche Idee kamen, aus dem Topf der 600 Millionen bedienen, die ich auf Festgeldkonten geparkt hatte. Zu diesem Zweck unterstellte mir die Bank – was ihr allerdings von Anfang an bekannt war – hochspekulative Angaben bei der Antragstellung gemacht zu haben und drohte mit dem Staatsanwalt und der Öffentlichkeit.

Mein Ziel in diesem Fall war klar: Sie sollten keinen Pfennig bekommen, da es sonst eine Kettenreaktion gegeben hätte und ich erledigt gewesen wäre. Wie konnte ich ohne Eklat erreichen, dass die Herren unverrichteter Dinge abzögen? Nun, ein paar Asse hatte ich in der Hand: Zum einen gab es einen gültigen und von meiner Seite eingehaltenen Kreditvertrag. Noch viel wichtiger aber war die Tatsache, dass die Bank für den Fall, dass sie ihre Drohung wahr machte, an dem Ast sägte, auf dem sie saß: Der Aufruhr, der entstanden wäre, hätte auch die ordnungsgemäße Rückführung aller übrigen Kredite gefährdet und Köpfe rollen lassen.

Mit diesem Wissen konnte ich locker und gelöst den Gesprächstermin wahrnehmen. Meine Verhandlungspartner blieben beweglich und verhandlungsbereit. Sie sahen von einer Anzeige beim Staatsanwalt ab, denn ich hatte auf alle ihre Fragen eine Antwort – auch wenn sie noch so offensichtlich an den Haaren herbeigezogen war. Das Problem wurde im Sinne aller Beteiligten trickreich auf die Zukunft verschoben.

Ein Fiasko tritt immer dann ein, wenn die Vorannahmen nicht stimmen, die der Verhandlungsstrategie zugrunde gelegt wurden. Oft lassen sich nur Wahrscheinlichkeiten für die Richtigkeit einer Annahme angeben. Um auf etwas zu setzen, was nur mit sechzigprozentiger Wahrscheinlichkeit eintritt, braucht man Mut. Oder man lässt die ganze Sache fallen. Im Leben eines Unternehmers gibt es unzählige Situationen, in denen er zwischen Cholera und Pest entscheiden muss. Da hilft dann nur Gottvertrauen.

Auch hierzu ein Beispiel: Meine Absetzbewegung ins Ausland scheiterte, weil ich mich verkalkuliert hatte, was das Verhalten der Banken anging. Ich hielt es nicht für wahrscheinlich, dass sie mein plötzliches Verschwinden in die Öffentlichkeit brächten, ohne zuvor mit mir persönlich zu verhandeln. Nachdem die Banken gesehen hatten, wie das Debakel tatsächlich auf sie zurückschlug, haben sie sich in vergleichbaren Fällen anders verhalten. Der Bauunternehmer Roland Ernst z. B. wurde 1994 mit mehreren hundert Millionen gestützt – ganz zu schweigen von anderen, kleineren Pleiten, die niemals ans Licht der Öffentlichkeit gelangten, nachdem die Banken begriffen hatten, dass das schlechte Image ihrer Kunden durchaus auf sie zurückfallen kann.

Verhandlungstricks

Oft hängt der Erfolg eines Unternehmers davon ab, mit welcher Raffinesse verhandelt wird. Um Verhandlungsziele optimal durchsetzen, ist es häufig sehr zweckmäßig, sein Gegenüber auf eine mehr oder weniger subtile Art zu manipulieren. Generell lassen sich drei Konstellationen unterscheiden:

- Profi gegen Profi. Beide Parteien verfügen in etwa über das gleiche Maß an Erfahrung und Wissen. Es herrscht annähernd Waffengleichheit. Dennoch können kleinste Ungleichgewichte die Sache zugunsten des einen oder anderen entscheiden – wenn es zum Krieg kommt. Andererseits ist hier die Chance auf ein anständiges Geschäft am größten.
- Profi gegen Laie mit Anwalt. In der Regel zieht der Laie den kürzeren – der Anwalt ist dem Profi nur gewachsen, wenn er intime Geschäftskenntnisse hat. Ansonsten kann er nur allgemeine Schadensbegrenzung betreiben – etwa indem er den Profi vor allzu großer Dreistigkeit warnt.
- Profi gegen Laie. Hier ist der Profi aufgrund seiner besseren Fachkunde grundsätzlich im Vorteil. Der Laie hat nur die Chance, die Profis gegeneinander auszuspielen – sofern die das mit sich machen lassen. Und er kann versuchen, den Profi eloquent zu übertrumpfen – wenn er rhetorisches Talent hat und die Techniken der subtilen psychologischen Manipulation besser als dieser beherrscht. Das ist aber unwahrscheinlich, weil der Fachmann, wenn es um Geschäfte größeren Umfangs geht, auch in dieser Hinsicht die größere Erfahrung hat.

Unanständige Verhandlungstechniken werden immer eingesetzt, wenn es darum geht, den Partner zu übervorteilen – beim Kaufabschluss, bei der Gehaltsverhandlung oder im Beziehungsgespräch – wobei man natürlich berücksichtigen muss, dass die Grenzen zwischen fairem und unfairem Geschäft fließend sind. Wer solche Verhandlungstechniken einsetzt, will sein Gegenüber in erster Linie schwächen, um ihm dann seine Vorstellungen und Lösungen überzustülpen und eine »freiwillige« Zustimmung dazu zu bekommen. Der andere wird dabei nur als Gegner gesehen, den es auf mehr oder weniger geschickte Weise zu überrumpeln gilt.

Die älteste und bekannteste Technik ist das Lügen. Auch wenn Lügen im allgemeinen nicht strafbar ist, handelt es sich dabei doch um moralischen Betrug. Hier gilt es zu unterscheiden zwischen den kleinen Alltagslügen, die das Leben erleichtern, und den gezielten Täuschungen, mit denen sich Geschäftsleute gegenseitig zu übervorteilen suchen, etwa indem sie eine nicht vorhandene Konkurrenz hinzu dichten, um die eigene Verhandlungsposition zu verbessern.

Wenn Sie als Verhandlungsteam auftreten, bewährt sich noch immer die alten Rollenverteilung, bei der einer den weichen, zugeständnisbereiten Part übernimmt und der andere die Rolle des Hardliners. Wichtig dabei ist, dass der weiche Partner im Vordergrund auftritt, viel Aufmerksamkeit beansprucht und wenig zu sagen hat – während es bei dem anderen genau umgekehrt ist.

Als gerissener Verhandler können Sie auch ständig das gleiche Argument bringen, um auf diese Weise den Gegner zu einer unbedachten Reaktion zu provozieren, stets neue Forderungen erheben und schon gewonnene Kompromisse in Frage stellen oder dem Gegner bei der kleinsten Gelegenheit mit Abbruch der Verhandlungen drohen. Um bewusst Informationen zurückzuhalten, kann man sich dümmer stellen als man ist. Oder Sie lullen das Gegenüber mit Komplimenten ein, damit es sich in Sicherheit wähnt. Beliebt ist auch die sogenannte Salamitaktik: einen Sachverhalt in einzelne Teile zerlegen und getrennt darüber verhandeln, oder bei Detailverhandlungen stets auf dem Gesamtergebnis bestehen.

Nehmen wir als Beispiel einen Gebrauchtwagenkauf: Nachträglich stellen Sie Mängel fest, die über die Angaben im Kaufvertrag hinausgehen. Damit ist der Verkäufer zur Erstattung eines Teils der Kaufsumme verpflichtet. Ihnen schwebt eine Gesamtsumme von – sagen wir 5000 DM – vor. Ein geschickter Verhandler kann in dieser Situation hergehen und den Betrag in einzelne Posten zerlegen – 1000 Mark für den nachträglich entdeckten Lackschaden, 2000 DM für den verschwiegenen Unfall etc. – mit dem Ziel, die Gesamtsumme zu reduzieren. Wenn Sie dieses Vorgehen kontern und sich nichts weghandeln lassen wollen, müssen Sie stets auf dem Gesamtergebnis bestehen. So bin ich auch mit meinen Geschäftspartnern verfahren, wenn Sie in Detailverhandlungen einstiegen. Mein Standardsprüchlein hieß: »Was ich hier sage, ist ohne Anerkennung einer Rechtspflicht. Wir gewichten die Punkte und machen hinterher ein Gesamtpaket daraus.« Bei komplexeren Verhandlungen – etwa beim Erwerb eines Gebäudes samt Inventar – können die Punkte auch zu wenigen, übersichtlichen Einzelpaketen geschnürt werden, über die es jeweils getrennte Abmachungen gibt. Etwa: Hier machen wir halbe/halbe, dort gebe ich ganz nach, im dritten

Fall einigen wir uns auf eine 30/70 Lösung usw. Mir kam es dabei stets auf zweierlei an: dass ich das Heft in der Hand behielt und der andere sein Gesicht wahren konnte.

Verträge zwischen Großen und Kleinen

Zunächst einmal muss man sich vergegenwärtigen, wie das Machtverhältnis zwischen den Partnern aussieht: Schließe ich als Kleiner einen Vertrag mit einem Großen? Ist es ein Vertrag unter Gleichen, oder bin ich der Große, der mit einem Kleinen einen Vertrag schließt? Wer groß und wer klein ist, hängt von der Situation ab: Derselbe Lieferant, der vor seiner Bank als Kleiner dasteht, ist gegenüber einem Kunden aufgrund seiner Sachkenntnis oder Marktstellung womöglich ein Großer.

Bei Verträgen zwischen Großen und Kleinen herrscht niemals Waffengleichheit, auch wenn das bürgerliche Gesetzbuch das suggeriert. Der Kleine ist juristisch immer unterlegen, weil der Große die Verträge macht. Ein Geschäft fällt in der Regel für den Partner besser aus, der die Vertragshoheit besitzt.

Daher lautet eine Grundregel zur Vermeidung schlechter Geschäfte: Lassen Sie sich als Kleiner nie mit einem ein, der viel größer ist. In der Regel werden Sie den Kürzeren ziehen.

Wie es sich gehört für das Leben im Haifischbecken, nutzte ich in meiner aktiven Zeit die Position der Stärke weidlich aus. Als zum Beispiel das AGB-Gesetz (Gesetz über allgemeine Geschäftsbedingungen) Ende der siebziger Jahre Geltung bekam, mußte ich mir etwas einfallen lassen, um meine alten

Vertragsbedingungen bei den Handwerkern durchzudrücken. Das AGB sieht vor, dass vom Standardvertrag abweichende Verträge nur dann gültig sind, wenn sie erkennbar von den Partnern gemeinsam erarbeitet wurden. Es darf sich nicht um vorbereitete Verträge »von der Stange« handeln.

Schon vor der Gesetzesänderung war ich dazu übergegangen, die Verträge handschriftlich im Beisein der Handwerker auszufertigen. Das wirkte spontan, aber ich kannte die Texte auswendig und wußte genau, welche Fallstricke sie enthielten. Dem AGB-Gesetz passte ich mich an, indem ich jeweils leicht veränderte Texte verfasste.

Die Anregung dazu erhielt ich von denen, für die ich wiederum ein Kleiner war: den Banken. Sie zwangen mich, bei den Kreditverträgen relativ willkürlich mir diktierte Streichungen und Ergänzungen vorzunehmen, um den neuen Bestimmungen gerecht zu werden. »Wir achten sehr darauf, dass es uns bei den Kreditverträgen mit Schneider nicht hereinregnete«, sagte der führende Deutsch-Banker Prinz von Sachsen-Weimar vor Gericht aus. Hinterher schüttete es doch wie aus Gießkannen – weil die Banken ihre eigenen Regeln nicht beachtet hatten.

Die Waffen des Kleinen

Wenn ein Kleiner aus wirtschaftlichen Gründen gezwungen ist, sich mit wesentlich größeren Partnern einzulassen, stehen ihm vier potenzielle Waffen zur Verfügung.

Erstens das AGB, das Gesetz über allgemeine Geschäftsbedingungen. Es gewährt einen gewissen Schutz vor unfairen

Geschäftsbedingungen, die ein Großer einem Kleinen zu diktieren versucht. In der Bauwirtschaft ist seine Anwendung am weitesten gediehen, weil hier in der Vergangenheit auch am meisten Schindluder getrieben wurde. Außerdem gibt es da einen Trick, den nur wenige kennen, der aber bis heute anwendbar ist: Unverschämte Verträge können Sie in der Rolle des Kleinen nach flüchtiger Lektüre sofort unterschreiben. So sind sie nicht gemeinsam erarbeitet worden, damit automatisch ungültig und es gelten die Bestimmungen des BGB. Der Große hat das Nachsehen.

Zum anderen hat der Kleine unter Umständen die Chance, die Gier des Großen so weit anzustacheln, dass er sich die Geschäftsbedingungen diktieren lässt – vorausgesetzt allerdings, der Kleine verfügt über ein rares Produkt oder besetzt exklusiv eine noch so winzige Marktnische, so dass der Große darauf angewiesen ist, mit dem Kleinen ins Geschäft zu kommen.

Die dritte Waffe sind die Medien – denn oft zeigt die Drohung, eine ungerechte und unfaire Behandlung publik zu machen, ungeahnte Folgen. Die Achillesferse der Großen ist das Image – und das kann leicht beschädigt werden. Also nimmt ein Großer unter Umständen geschäftliche Nachteile in Kauf oder verzichtet auf seine Übervorteilungschance, um das Image zu schützen.

Die letzte Waffe ist psychologischer Natur. Sie nutzt die Eigenarten des Gegners aus. Ein formal unterlegener Geschäftspartner hat immer die Möglichkeit, durch gezielte Beeinflussung der Atmosphäre bei Verhandlungen – etwa durch Schmeicheleien – die Dinge zu seinen Gunsten zu wenden.

Durch den Vertragsabschluß werden die Besitzstände klar: Jeder weiß, was er zu bekommen und zu geben hat – jedenfalls in der Theorie. Auch der beste Vertrag kann nicht alle Eventualitäten abdecken, die in der Praxis auftreten. Oft drehen sich die Machtverhältnisse zwischen Groß und Klein jetzt um: Der Kleine muss dem Großen etwas liefern, und das kann zu seiner großen Stunde werden. Vorausgesetzt, er ist darauf spezialisiert, Löcher im Vertrag zu finden. Sind alle Bedingungen und Voraussetzungen korrekt erfüllt, damit er liefern muss?

Nehmen wir eine Baustelle: Ist sie wie vorgesehen bereitgestellt? Bekanntlich ändert sich auf dem Bau immer etwas, und Änderungen führen zu Aufschlägen. So kann ein Kleiner den harten Vertrag eines Großen aufweichen – durch zermürbenden Kleinkrieg. Große sind meist unbeweglich – das gibt den Kleinen die Möglichkeit, sie zum Bluten zu bringen.

Auch wenn die Großen die Vertragsgestaltung in der Hand haben, ist ihre Organisation oftmals nicht in der Lage, die Erfüllung der Verträge zu kontrollieren. So entsteht auch Pfusch an Bau, der nach neuesten Berechnungen immerhin jährlich volkswirtschaftliche Schäden in Höhe von 20 Milliarden verursacht: Die harten Vertragsbedingungen der Großen kompensieren die Kleinen mit unsichtbaren Minderleistungen – das ist nur allzu verständlich.

Die Macht des Zahlers

Wer Geld zu bekommen hat, ist immer in der schwächeren Position. Wer zahlen muß, kann den anderen ärgern. Das gilt für Große und Kleine gleichermaßen. Natürlich kann eine Leistung zu Recht beanstandet werden – aber was ist ein gravierender, was ein kleiner Mangel? Mit dem Recht der Beanstandung läßt sich die Pflicht zum Zahlen leicht aushebeln. Wegen der besonders rohen Sitten im Baugewerbe gibt es hier mittlerweile Regelungen, die dem Schutz der kleinen Lieferanten dienen.

Bei Zahlungsverweigerungen sind Große besonders dann machtlos, wenn sie es mit vielen kleinen Endkunden zu tun haben, z.B. Versandhändler. Ein Großteil der Verluste des Internethändlers Amazon geht auf massenhafte Kleinstforderungsausfälle zurück, deren Eintreibung unangemessenen Aufwand verursachen würde. Natürlich wird eine solche Firma sich hüten, öffentlich darüber zu jammern – das würde ja nur Nachahmer schaffen und das Problem verschärfen.

Der Bauherr – vieler Herren Knecht

Grundstückskauf

Mit dem Grundstückskauf fängt das Malheur oft an: Da stimmen die Maße nicht, da sind Altlasten im Boden, da liegen verdeckte Ansprüche drauf, mit denen sich der neue Eigentümer herumschlagen muss, weil sein bequemer Notar in den Übertragungsvertrag geschrieben hat: »Auf Einsichtnahme ins Grundbuch wird verzichtet.« Wie sollen Sie als unwissender Käufer wissen, welche Folgen aus so einem unschuldigen Satz erwachsen können? Ebenso wenig kommen Sie auf die Idee, dass an der Gebührenrechnung des Notars etwas nicht stimmen könnte, denn schließlich ist der Notar als vereidigter Mann des Gesetzes an eine Gebührenordnung gebunden, die feste Preise für bestimmte Leistungen vorsieht. Je komplexer das Objekt jedoch ist, desto mehr Gelegenheiten zu »Irrtümern« und »Versehen« hat der Notar, die Sie als Laie zwar nicht erkennen können, aber bezahlen müssen.

Ein weiteres Problem sind verborgene Mängel eines Grundstücks. Nehmen wir den Fall meiner ehemaligen Putzhilfe. Sie kauft ein Grundstück mit dem fertiggestellten Kellergeschoss für ein Wohnhaus. Die Bank prüft und finanziert kräftig mit. Plötzlich stellt sich heraus, dass der Boden kontaminiert ist und auch unter dem Keller ausgetauscht werden muss. Die Kosten für die Entsorgung sind höher als der Preis des ganzen Grundstücks. Von den Verkäufern ist nichts zu holen, da ein Konkursverfahren läuft.

Dabei war die Kontaminierung dem Verkäufer und den Behörden seit langem bekannt. Ein durchaus alltäglicher Fall – traurig, aber wahr.

Oder der Verkäufer hat Ihnen versprochen, Sie könnten auf Ihrem Traumgrundstück dreigeschossig bauen, und dann stellt sich raus, dass nur zwei Geschosse genehmigt werden. Pech für Sie, wenn Sie sich auf solche Aussagen verlassen. Grundsätzlich gilt nämlich: Alles, was der Verkäufer über das Objekt sagt, kann Schönfärberei sein.

In den Verträgen heißt es in der Regel: Gekauft wie besehen. Zwar kann man in jedem notariellen Kaufvertrag nachlesen, dass der Verkäufer verpflichtet ist, ihm bekannte, gravierende Mängel vor Vertragsabschluss zu benennen. Aber diese Bestimmung läßt sich leicht aushebeln – denn was sind gravierende Mängel? Wenn ein Rohr extrem verkalkt ist, muss das kein gravierender Mangel sein, solange es nicht total verstopft ist. Und wie wollen Sie jemand nachweisen, was er oder sie wusste oder nicht wusste?

Bei bebauten Grundstücken lauern die Tücken des Geschäfts anderswo. Beim Erwerb meiner insgesamt 160 Objekte mußte ich häufig feststellen, dass die Flächenangaben nicht stimmten. So ließ ich dann immer routinemäßig alles nachprüfen, und das machte sich bezahlt. Aber welcher einfache Häuslebauer kommt schon auf die Idee, alle Quadratmeter nachzumessen, die er bezahlt?

Grundsätzlich empfiehlt es sich, beim Grundstücks-, Haus- oder Wohnungskauf Fachleute zu Rate zu ziehen. Immerhin geht es um viel Geld. Das können Architekten oder empfohlene Gutachter sein. Lassen Sie sich von einer Person Ihres Vertrauens einen Gutachter empfehlen – denn

»Taxen sind Faxen«. Und wehe, es sind Faxen, über die nur andere und nicht sie selbst lachen können!

Beim Erwerb vom Eigentumswohnungen müssen Sie die Protokolle der Eigentümergemeinschaften genau studieren, um vor bösen Überraschungen sicher zu sein. Je mehr Zeit und Sorgfalt sie vor dem Kauf in die gründliche Prüfung eines Objekts stecken, desto besser sind sie vor unangenehmen Überraschungen gefeit. Ansonsten müssen sie mit der Faustregel rechnen, dass bei einem Objekt für 1 Million Mark für 300.000 Mark Überraschungen mitgekauft werden.

Bauplanung

Architekten sind in hohem Maße für das Gelingen eines Bauvorhabens verantwortlich. Sie machen die Planung, die Bauleitung und überwachen die Bauausführung. Um so wichtiger ist es für den Bauherrn, einen günstigen Vertrag mit dem Architekten auszuhandeln.

Nur warnen kann ich vor der Erteilung einer uneingeschränkten Vollmacht. Der Bauherr muss die Oberhoheit über die finanziellen Entscheidungen behalten – sonst greift der Architekt nach Gutdünken in seinen – Ihren – Geldbeutel. Stellen Sie sich vor: Ein Architekt hat vielleicht ein Dutzend solcher Geldbeutel zu verwalten, obendrein ist er vielleicht ein künstlerisch inspirierter Mensch, der seine Ideen verwirklichen möchte. Ob er das auf Ihre Kosten machen darf, müssen Sie selbst entscheiden. Wenn Sie die Kosten unten halten wollen, sollten Sie allenfalls mit dem Architekten ein Honorar aushandeln, das um so höher ist, je billiger der Bau wird.

Die offizielle Gebührenordnung der Architekten sieht genau das Gegenteil vor: Mit den Kosten des Baus steigt auch das Honorar des Architekten. Da verwundert es nicht, wenn dann der Architekt als Kontrolleur der Handwerkerleistungen beide Augen zudrückt und großzügig Nachforderungen bewilligt (schließlich kann ein in Handwerkerkreisen beliebter Architekt eher Nachfolgeaufträge bekommen).

Ich habe selbst erlebt, wie ein begüterter Steinmetzunternehmer in meinem Beisein den von mir beauftragten Architekten, der sich in einer Auseinandersetzung um die Rechnungshöhe auf meine Seite geschlagen hatte, offen mit dem Entzug eines millionenschweren Planungsauftrags bedrohte, falls dieser weiterhin gegen ihn argumentierte. Immerhin wusste er, dass ich Profi bin. Wie es unter diesen Umständen einem Baulaien ergeht, kann man sich leicht ausmalen.

So mancher Häuslebauer hat auf diese Weise sein Vermögen verloren. Leider werden in den Wirtschaftssendungen des Fernsehens nur selten solche Fälle vorgeführt.

Ausführung

Handwerker verfügen über ein schier unerschöpfliches Repertoire an Mogeleien. Sie verschaffen sich unlautere Vorteile, indem sie zu viele Stunden aufschreiben, billige Materialien verwenden und teure abrechnen, Leistungen doppelt berechnen (etwa indem sie einen Nachtrag für etwas verlangen, was sie schon gemacht haben), Leistungen auf dem Papier erbringen statt auf der Baustelle (etwa indem die Zahl der Anstriche oder die Dicke einer Auffüllung manipuliert wird) oder indem sie nicht bestellte Leistungen ausführen und berechnen. Je schlechter ein Architekt gearbeitet hat, je lückenhafter das Leistungsverzeichnis, je unwissender der Bauherr ist, desto eher können Handwerker die Situation schamlos ausnutzen. Als ich selber Handwerker war, habe ich keinen der genannten Tricks ausgelassen. Später als Bauunternehmer begegneten sie mir erneut – diesmal auf der anderen Seite.

Die Toleranz gegenüber solchen Tricksereien ist im Baugewerbe besonders hoch. Mogeleien sind Brauch und eine Krähe hackt der anderen kein Auge aus. Selbst wenn Behörden dabei geschädigt werden – mehr als Abzüge auf der Rechnung muß niemand befürchten.

Auch wenn ich mir damit den Unmut der Architekten und der Handwerkerzunft erneut zuziehe, empfehle ich heute jedem Bauherrn, zusätzlich einen Baucontroller einzustellen. Die großen Firmen machen das seit langem, weil es sich bezahlt macht. Der normale Häuslebauer, ein Laie, ist gut beraten, sich auf diese Weise Sachverstand einzukaufen. Ansonsten muß er damit rechnen, nach Strich und Faden ausgenommen zu werden. Statt funktionierender und preiswerter bekommt er dann teure, schlechtere oder überflüssige Lösungen angedreht.

Ein Controller kann zwar den Beschiss am Bau nicht grundsätzlich verhindern, aber immerhin eindämmen. Nach meiner Schätzung betragen die Einsparungen, die mit seiner Hilfe zu erzielen sind, bis zu 30-40% der Baukosten. Er hilft ihnen dabei, nur das zu bezahlen, was Sie tatsächlich verlangt und bekommen haben. Durch die EDV-gestützten Abrechnungen der Handwerker mit ihrer unüberschaubaren Vielfalt von Einzelposten ist es für Laien nahezu unmöglich geworden, Leistungen zu überprüfen.

Pfusch am Bau ist heutzutage keine Ausnahme, sondern die Regel. Und wer erst einmal die Rechnungen bezahlt hat, hat hinterher wenig Chancen, sein Geld wiederzusehen. Die Rechtsprechung in unserem Wirtschaftssystem begünstigt den Pfuscher – denn selten gibt es funktionierende und von allen Seiten akzeptierte Schiedsstellen, die den Pfusch zu einer justiziablen Sache machen. Sollte es wegen der Erfüllung bzw. Nicht-Erfüllung von Vertragsleistungen zum Rechtsstreit kommen, rate ich überdies dringend, nur solche Anwälte mit der Sache zu betrauen, die fachliche Vorkenntnisse haben. Als Teilnehmer Dutzender von Schiedsgerichtsverfahren konnte ich immer wieder beobachten, wie meine Handwerker-Kontrahenten mit Wald- und Wiesenanwälten auftauchten, die ihren Klienten die abenteuerlichsten Ratschläge erteilten und doppelte Verluste bescherten: Sie mussten meine Abzüge akzeptieren und obendrein den unfähigen Anwalt bezahlen.

Wer hingegen den offiziellen Rechtsweg beschreitet, muss mit Verfahrensdauern von mehreren Jahren rechnen. Selbst wenn er gewinnt, kann er häufig seinen Einsatz abschreiben, weil der Kontrahent mittlerweile durch Konkurs aus dem Rennen geschieden ist.

Finanzierung

Die wichtigste Vorarbeit für die Finanzierung eines Bauvorhabens leistet der Architekt, der die Daten für den Kreditantrag bei der Bank liefert. Je solider er arbeitet, desto einfacher wird die Finanzierung. Die Bank ist besonders erfreut, wenn ein Baucontroller mit von der Partie ist, weil das mehr Kostensicherheit bedeutet, denn Architekten und Bauhandwerker geben nur zu gern ihrem unwiderstehlichen Drang zur Kostenaufblähung nach, wenn sie sich einem Baulaien gegenüber sehen.

Jeder Bauherr sollte eine langfristige Finanzierung anstreben und ruhig Angebote von ein paar Banken einholen, bevor er sich für eine entscheidet. Wenn die Lage der Immobilie und das Bauteam stimmen, können Sie bei den Banken geschäftliches Interesse voraussetzen. Wenn Sie hingegen keine Bank finden, die Ihnen Kredit für Ihr Bauvorhaben geben will, sollten Sie es einfach lassen und weiter zur Miete wohnen. Denn nichts ist tragischer, als den Traum vom Eigenheim erst dann platzen zu sehen, wenn der Rohbau schon steht.

Die Tücken des Umgangs mit ...

... Architekten

Bis ein Architekt etwas Eigenes in die Welt stellen darf, hat er bereits viele Modelle gebaut und sich an unzähligen Wettbewerben beteiligt. Fast könnte man ihn für einen Idealisten halten – gäbe es nicht dann und wann mal wieder einen etwas größeren Auftrag. Aber auch dabei hat er es nicht leicht.

Architekten stehen grundsätzlich zwischen vielen Fronten. Es gilt, die Bedürfnisse des Bauherrn zu erkennen oder ihn von eigenen Visionen zu überzeugen, die in der gestalterischen Umsetzung auch das halten müssen, was sie versprechen. Dem Staat gegenüber sind Architekten für die Einhaltung einer ständig im Fluss befindlichen Phalanx von Bauverordnungen verantwortlich – selbst wenn sie wirtschaftlich unsinnig erscheinen. Schließlich sollen sie dafür sorgen, dass die Kosten nicht aus dem Ruder laufen und die Bauqualität einwandfrei ist.

Und das alles auf Baustellen, bei Wind und Wetter und wechselnden Bodenverhältnissen. Im Gegensatz zur genormten Produktion in der Werkhalle ist jede Baustelle ein komplexes Abenteuer mit wechselnden Akteuren, die sich erst aufeinander einspielen müssen – unter der Regie von Architekten, denen dabei häufig die Rolle des Prügelknaben zugewiesen wird. Doch ist es nicht einfach, Architekten die Schuld für die Misere anzuhängen – zumal oft der Bauherr oder seine Gattin dazwischenfunken und das ohnehin bestehende Verantwortungsknäuel noch weiter komplizieren. Am Ende ist der Bauherr in der Regel doch der Dumme und muss zahlen – damit der Bau rechtzeitig bezugsfertig wird und kein Rufschaden durch Rechtsstreitereien entsteht.

Der Architekt holt sich den Lohn seiner Mühe per HOAI – der allgemeinen Verdingungsordnung für Ingenieure. Nach der HOAI steigt das Honorar proportional zu den abgerechneten Baukosten an – ausgehend von der an sich vernünftigen Überlegung, dass mit steigenden Kosten auch steigender Planungs- und Überwachungsaufwand verbunden ist.

Allerdings erzeugt die Koppelung von Baukosten und Architektenhonorar für den Bauherrn unter Umständen nachteilige Effekte: Je aufwendiger und sachlich ungerechtfertigter Planung und Handwerkerausschreibung sind, je mehr Abrechnungsfehler bei den Handwerkerrechnungen übersehen und je mehr Nachträge und unberechtigte Zusatzkosten seitens des beaufsichtigenden Architekten den Handwerkern gewährt werden, desto mehr steigt sein Honorar.

Das bringt so manchen Architekten in die Bredouille: Warum soll er sich zeitraubend Vereinfachungen ausdenken oder Fehler in den Handwerkerrechnungen finden? Warum soll er sich der Mühe einer Detailprüfung unterziehen, wenn durch seine Mühe und Genauigkeit die Baukosten geringer werden? Schließlich schreibt es die HOAI fest – je geringer die Baukosten, desto geringer das Honorar des Architekten. Warum soll er Prozesse gegen Handwerker führen – etwa um dem Bauherrn Geld zu sparen und sich selbst dabei zu schaden? Welch ein Riesenaufwand an Zeit und Ärger! Stattdessen kann sich der Architekt bei Handwerkern beliebt machen, wenn er bei der Prüfung der Rechnungen notfalls beide Augen zudrückt – dann wird zum Dank ein Teil der Detailarbeit, die in seine Verantwortung fällt und die er beim Bauherrn abrechnet, auch gerne von den technischen Büros der Handwerkerfirmen kostenlos übernommen.

Die Berufsverbände der Architekten und Ingenieure haben die HOAI für ihren Berufsstand gesetzlich so geschickt festschreiben lassen, dass es für unerfahrene Bauherren kaum einen wirksamen Schutz davor gibt, dass Schlampigkeit und schlechte Leistung auch noch honoriert werden. Durch die HOAI wird der Bock zum Gärtner gemacht – Handwerkergeschummel wird belohnt statt bestraft. Das treibt und hält die Baupreise künstlich hoch.

Gegen die Mogelpackung HOAI haben Bauherren nur eine Chance – das Pauschalhonorar. Allerdings müssen Sie dann ihr Projekt frühzeitig in allen Details festschreiben; eigene nachträgliche Änderungen verursachen auch Nachbesserungen an der Pauschale.

Andererseits werden auch Archikekten immer häufiger zu Opfern der Mogelwirtschaft. Kürzlich wurde mit folgende Geschichte von einer angesehenen Architektengemeinschaft zugetragen, die in Berlin bei der Restaurierung historischer Bauten tätig war: Ein großer Bauträger meldete sich telefonisch bei ihnen mit dem Angebot zu einer Projektübernahme. Dieser Bauträger arbeitete, wie auch ich damals, mit einem Finanzierungssystem, bei dem pro Objekt eigens eine Firma gegründet wird. Das minimiert die Risiken seitens des Bauträgers bei einer nicht plangemäßen Vermarktung des Objekts und ist im Übrigen völlig legal. Die Architekten hatten nun bereits schlechte Erfahrungen mit diesem Bauträger gesammelt, da sie von Zahlungsausfällen beim Einzelkonkurs einer zum Geflecht gehörenden Firma des Bauträgers betroffen waren. Darauf angesprochen, erklärte der Bauträger: »Was wollen Sie eigentlich, diese Firma ist doch längst pleite. Jetzt mache ich Ihnen das Angebot, für eine ganz andere Firma zu arbeiten.« Die Angesprochenen lehnten dankend ab.

... Handwerkern

Kleine und mittlere Handwerksbetriebe haben heutzutage einen schweren Stand. Sie sind gezwungen, Geschäfte mit knallharten Geschäftspartnern abzuschließen, die sie nach Strich und Faden übers Ohr zu hauen versuchen, können sich aber keinen aufwendigen juristischen Beistand leisten, um sich davor zu schützen. Ihre einzige Schutzmaßnahme besteht darin, den Wortlaut der Verträge nicht zu verletzen und sich alle Änderungen gegenüber Auftrag und dem Plan, die naturgemäß bei jedem Bauvorhaben zuhauf auftreten, rechtzeitig schriftlich genehmigen und den Mehrpreis bestätigen zu lassen.

Auf keinen Fall darf ein Handwerker darauf vertrauen, dass es allein die gute Arbeit ist, die ihn als Unternehmer erfolgreich werden lässt. Er sollte nie vergessen, dass er sich im Haifischbecken bewegt. Bei den Recherchen für den Anfang 2001 ausgestrahlten ARD-Film über die Verwicklung der Banken in meinen Fall wurden auch Handwerker interviewt. Erstaunlicherweise zeigte sich dabei, dass ihre Wut auf mich in vielen Fällen noch übertroffen wurde von der

Empörung über das Verhalten der Banken oder über Konkursfälle, die nach mir kamen und die Öffentlichkeit nie erreichten.

Wenn ein kleiner Handwerker aber seine Rechte genau kennt, kann er sogar einen Großen zwicken, etwa wenn er bei Bauverzögerungen, die nicht er zu verschulden hat, Schadensersatz verlangt. Um rechtzeitig an sein Geld zu kommen, hilft nur eins: Ständig Rechnungen schreiben und alle Fakten in Briefform festhalten, nichts anbrennen lassen. So mancher Handwerksbetrieb ging schon über die Wupper, weil der Handwerksmeister vor lauter Arbeit das Brief- und Rechnungschreiben vergaß. Da kann ich nur sagen: Selber schuld.

Auch Bonitätsauskünfte bieten oft keinen Schutz vor ›faulen‹ Geschäftspartnern; häufig erfährt die Wirtschaftsauskunft erst von einem Konkurs, nachdem der Betrieb bereits aus dem Handelsregister gelöscht wurde. Und wie man an meinem Fall sieht, helfen auch Bankauskünfte wenig. Die Banken wissen häufig nicht, wie es um die Geschäfte im eigenen Haus steht – wie sollen sie da die Geschäfte von anderen beurteilen? Sie lassen sich eben vom schönen Schein blenden.

Da aber auch Handwerker keine Unschuldslämmer sind, rächen sie sich für das Ungemach, das ihnen von größeren Bauherren angetan wurde, an denen, die ihnen an Kompetenz und Fachwissen unterlegen sind. Privatleute sind die ideale Beute für jeden Handwerksbetrieb. Wer kennt das nicht – man bestellt einen Handwerker und wundert sich hinterher über die Rechnung. Dazu eine typische Geschichte von meinem Bekannten W. aus B.: Er wollte sich eine gebraucht gekaufte Geschirrspülmaschine anschließen lassen und fragte den Installateur vorher, was das wohl kosten werde. Die Auskunft des Installateurs: Sein Stundenlohn läge bei 65 Mark, und die Sache ließe sich locker in einer halben Stunde machen. Also rechnete Herr W. inklusive des Materials mit maximal hundert Mark. Als die Spülmaschine dann fertig installiert war, verlangte der Installateur plötzlich 240 Mark mit der Begründung, er habe ja auch vorher sein Werkzeug zusammensuchen müssen, allein die Materialkosten beliefen sich schon auf 100 DM. Herr W. überlegte einen Moment, ob er jetzt auf Konfrontationskurs gehen oder brav und zerknirscht zahlen sollte – und entschied sich für letzteres.

Um solche Erfahrungen zu verhindern, müssen sie – auch bei kleinen Aufträgen – auf einem schriftlichen Kostenvoranschlag bestehen.

... Rechtsanwälten und Notaren

Anwälte leisten juristischen Beistand, aber sie tun es – von wenigen Ausnahmen abgesehen – nicht um der guten Sache willen. Sie sind in erster Linie Geschäftsleute, die eine Dienstleistung verkaufen wollen. Sie machen Geschäfte mit den Hoffnungen, die man in sie setzt – denn der Erfolg ist bei einem Anwalt nie garantiert.

»Sobald Gesetz ersonnen, wird Betrug begonnen.« Das ist ihre Geschäftsgrundlage in Kurzform, und nur die Versager oder Idealisten unter ihnen schaffen es, damit kein Geld zu verdienen. Ihre Fähigkeiten sind in aller erste Linie rhetorische; und es wäre doch gelacht, wenn sie die Verhandlungstechniken, mit denen sie vor Gericht erfolgreich arbeiten, nicht auch bei ihren Kunden zu ihrem eigenen Nutzen anwenden könnten.

Ein Anwalt sagt nie: »Ja«, sondern immer: »Ja, aber...«. Nachdem der Klient sein Problem dargestellt und sein Ziel benannt hat, wird der Anwalt sich bemühen, die vielfältigen Schwierigkeiten auf dem Weg zum Erfolg aufzuzeigen. Auch wenn es einen einfachen Weg dorthin gibt, liegt es nicht im Interesse des Anwalts, seinen Klienten darauf hinzuweisen. Denn schließlich steigt der Wert der Anwaltsleistung mit der Kompliziertheit des Falls. Aber zum Schluss sagt der Anwalt ganz bestimmt: »Das packe ich schon.« Natürlich ohne Garantie.

Je nach Gemütsverfassung der Klienten schlagen Anwälte nun mehr oder weniger umfassende Maßnahmen vor. Bei Fragen nach den Kosten verweisen sie üblicherweise auf die BRAGO; damit lassen sich alle ihre Einzelleistungen als prozentuale Aufwandsentschädigungen auf der Basis des zuvor ermittelten Streitwerts berechnen. Natürlich belässt ihnen diese Abrechnungsordnung einen nicht unerheblichen Gestaltungsspielraum, durch den sie beim Klienten ein gewisses Wohlverhalten erkaufen können.

Je spezialisierter ein Anwalt ist, desto mehr kann er für seine Arbeit verlangen, und desto undurchschaubarer ist für die Klienten die tatsächliche Leistung. Für Recherchen und Expertisen zu ausgefallenen Rechtsgebieten können die Spezialisten hübsche Stundensätze abrechnen, wobei die Stundenzahl und der Satz frei mit dem Kunden aushandelbar sind. Aber wer wird schon gern feilschen, wenn es nur wenige Experten auf dem speziellen Gebiet gibt? Daher ist Vorsicht geboten, wenn ein Anwalt die Notlage erkennt, in der sich der Klient befindet.

Der Klient kann die Lage ohnehin nicht beurteilen – denn wenn er es könnte, bräuchte er keinen Anwalt. So spielt der Anwalt mit den Ängsten – indem er die Lage so schwierig wie möglich darstellt – und mit den Hoffnungen – indem er die Aussichten auf Erfolg so rosig wie möglich malt.

Meistens schlägt diese Strategie an. Mit der Unterschrift unter die Vollmacht gewährt der Klient dem Anwalt einen freien Durchgriff auf sein Portemonnaie. Dann kommt es nur noch darauf an, allmählich die Spieleinsätze zu erhöhen. Was immer der Kunde für rechtlich durchsetzbar hält – solange er zahlen kann, wird ihm die Aussicht auf Erfolg verkauft. Die meisten Verfahrensausgänge sind tatsächlich unkalkulierbar, denn das Recht bedarf immer wieder einer aktuellen Auslegung.

Anwälte werben zwar damit, dass die Recht bekommen, die Recht haben – aber – wenn es in der Praxis schiefgeht, sind die Kunden die Dummen. Denn mehr als Hoffnung war es nicht, was der Anwalt zu verkaufen hatte. Leider gilt nicht immer das Sprichwort: Sieht dein Advokat den Lohn, trägst du den Sieg davon.

Bevor man zum Anwalt geht, sollte man sich dieses geschäftliche Grundmuster vor Augen führen. Die meisten Menschen neigen dazu, Anwälten blind zu vertrauen, weil sie glauben, sie seien Vertreter des Rechts und der Gerechtigkeit. Sie setzten den Anwälten einen Heiligenschein auf und machen sich damit zur leichten Beute.

Anwälte sollten behandelt werden wie andere Geschäftspartner auch. Je nach Gegenstand sollte man sich genau überlegen, ob man einen Anwalt nach Stunden oder nach der Gebührenordnung abrechnen lässt. Allerdings muss man damit rechnen, dass schon der Versuch, mit ihm über Kosten zu verhandeln, als gebührenpflichtige Leistung angesehen und ohne Vorwarnung in Rechnung gestellt wird.

In anderen Branchen mag es ja üblich sein, Kostenvoranschläge zu erstellen oder unverbindliche Vorgespräche zu führen. Bei Rechtsanwälten läuft die Gebührenordnung vom ersten Moment an, es sei denn, sie sind großzügig genug oder wittern ein lukratives Geschäft, das durch vorschnelle Forderungen atmosphärisch gestört werden könnte.

So manch einer hat sich schon gewundert, wenn er nach dem ersten Gespräch gleich eine Rechnung bekam – aber müssen die Anwälte sich nicht auch ernähren, besonders wenn es bei der Anfrage geblieben ist und die übliche Strategie, dem Kunden Hoffnung für seine Sache zu machen, fehlgeschlagen ist? Schließlich sind Kanzleien keine gemeinnützigen Auskunfteien.

Anwaltsrechnungen werden, wenn auch häufig zähneknirschend, schnell beglichen. Wer legt sich als Privatperson schon gerne mit einem Rechtsvertreter an, dessen Beruf es ist, den juristischen Knüppel aus dem Sack zu lassen? Das könnte schnell noch viel teurer werden.

Ein Beispiel für die Arbeitsweise von Rechtsanwälten aus meinem Prozess: Mit einem der insgesamt 22 Anwälte, die mich mehr oder weniger lang vertraten, hatte ich eine Stundenvergütung vereinbart. Nicht ganz unerwartet tauchte auf seiner Rechnung ein Riesenposten für das Aktenstudium auf. Wie ein Lehrer fragte ich ihn daraufhin nach sachlichen Details in den Akten ab. Seine Ahnungslosigkeit brachte ihm die sofortige Kündigung ein.

Im Gegensatz zur Rechtsanwälten kann man sich bei Notaren Kostenvoranschläge machen lassen, da dieser Berufsstand an feste Gebührensätze gebunden ist. Theoretisch müssten bei ein und derselben Angelegenheit die Rechnungsbeträge identisch sein. Tatsächlich habe ich als Bauunternehmer Millionen gespart, indem ich eine Fachkraft mit der Prüfung von Notarrechnungen beauftragte. Auch vereidigte Notare bescheißen was das Zeug hält, und wenn sie darauf angesprochen werden, behelfen sie sich mit Ausreden wie: »Da sind wir aus Versehen in die falsche Spalte geraten«, oder: »Da haben wir den Paragraphen aus Versehen verwechselt«. Wie sollte man ihnen auch eine Betrugsabsicht beweisen!

... Steuerberatern

Sie sind die Anlaufstelle aller Steuersünder – naturgemäß herrscht in ihrem Gewerbe daher eine Affinität zum Mogeln und Tricksen. Zwar kann niemand ihnen eine Steuerhinterziehungsberatung abverlangen, andererseits können sie ihre Klienten nicht davon abhalten, verbotene Wege zu beschreiten, zumal wenn sich deren subjektives Rechtsempfinden nicht mit dem der Steuersystematik deckt. So ist beispielsweise die Ansicht weitverbreitet, dass Kapitaleinkünfte und Gewinne aus kurzfristigen Spekulationsgeschäften nicht in die Einkommensteuererklärung gehören, obwohl es dort eine entsprechende Rubrik gibt.

Zum Glück sind Steuerberater nicht mehr wie in den Anfangsjahren ihres noch jungen Gewerbes der verlängerte Arm der Oberfinanzdirektion, wie insbesondere Vertreter der älteren Generation noch immer argwöhnen. Sie haben nicht nur eine Schweigepflicht gegenüber ihren Mandanten, die sie davor bewahrt, alle »Kavaliersdelekte« umgehend den Behörden zu melden.

Sie treten auch aktiv für die Rechte ihrer Klienten ein – zumal es bezüglich einer unzählige Menge von Einzelentscheidungen und -verfügungen keine klare Rechtslage gibt, sondern nur ein auslegungsbedürftiges Konglomerat von divergierenden Rechtsauffassungen. Deshalb sind auch Steuergesetze und Verordnungen so unverständlich, dass kein Laie etwas mit Ihnen anfangen kann.

Die tiefen Einblicke in die Geschäftsinterna ihrer Mandanten wecken bei einigen Steuerberatern allerdings Begehrlichkeiten. Warum sollen sie sich mit den mickrigen Sätzen, den ihnen die Abgabenordnung vorschreibt, zufriedengeben, wenn sie gleichzeitig mit etwas Cleverness das Zehnfache verdienen können? Zum Beispiel, indem sie als Vermittler tätig werden. Wenn ein Mandant ein Bauträgergeschäft betreibt und ein anderer auf der Suche nach Immobilieninvestitionen ist, warum nicht die beiden miteinander verbinden – wenn dabei eine nicht ganz so kleine Provision winkt? Nur muß man diese Tätigkeit gut »verstecken« – denn wie soll man sie als offizielle Einkünfte deklarieren, wenn sich die gewerbliche mit der beratenden Tätigkeit nicht verträgt? Wer sich als Steuerberater nicht der Steuerhinterziehung schuldig machen will, kann, wenn die Beziehung das aushält, noch immer auf seine Ehefrau zurückgreifen und auf ihren Namen lautende Rechnungen schreiben. Vielleicht ließe sich auch eine legale Konstruktion für die gewerbliche Nebentätigkeit finden – das ist aber kompliziert und wird von den meisten Kollegen nicht gemacht. Warum umständlich, wenn's auch einfach geht!

Die wirklichen Werte

Fünf Arten der Moral

Immer mehr Menschen vertreten den Standpunkt: Ich habe meine Moral und du hast deine. Moral ist zu einer Unterart des Geschmacks geworden, und darüber soll man ja bekanntlich nicht streiten. Ein unmoralisches Geschäft ist dann eben ein Geschmäckle, wie unsere süddeutschen Landsleute sagen. Doch eigentlich gehört zur Moral ihr Anspruch auf Gemeingültigkeit: Was für den einen gilt, gilt auch für den anderen.

Aus meiner Sicht gibt es im Geschäftsleben fünf Typen der Moral: Der erste sind die zehn Gebote. Die zweite Spielart sind die staatlichen Gesetze – auch diese sind moralisch begründet und werden im Namen eines irgendwie besseren Ganzen verkündet. Drittens haben wir die herrschenden Sitten und Gebräuche. Danach handelt moralisch, wer sich auch an die ungeschriebenen Gesetze der Menschlichkeit und Fairness hält. Den vierten Typus verkörpert der hanseatische Kaufmann. Sein Geschäftsethos beruht auf Anstand und Ehrlichkeit – er würde eher ein finanziell ungünstiges Geschäft machen, als seine Kaufmannsehre zu verraten. Aber dennoch muss er rechnen und knausern. Der letzte Typus zeigt sich eher selten. Ich nenne es die Moral des Herzens – wenn man mit den Menschen und den Dingen, mit denen einen das Geschäftsleben zusammenführt, inniger verbunden ist als mit dem Geld, das man dort gewinnen kann.

Nun wissen wir, dass die größten Moralisten oft die größten Betrüger sind. Hinzu kommt, dass darüber, was gut und was schlecht ist, nicht nur bei den Philosophen Uneinigkeit herrscht, sondern auch in so manchem Haushalt. Moralität ist schwer zu begründen, und deshalb hat der Satz von Erich Kästner: »Es gibt nichts Gutes außer: Man tut es« mittlerweile viele Anhänger. Statt anderen ihre Ansprüche theoretisch zu begründen und aufzuzwängen, gehen sie einfach mit gutem Beispiel voran.

Wer sich im Geschäftsleben tummelt, wird schnell feststellen, dass die einfachen Unterscheidungen von Gut und Böse nicht weit tragen. Jeder, der über den Status eines moralischen Grünschnabels herausgekommen ist, sieht sich mit der paradoxen Tatsache konfrontiert, dass aus guten Absichten Böses und aus bösen Absichten Gutes entstehen kann. Es kann also moralisch sein, etwas Unmoralisches zu tun. Nichts anderes verkörpert die Figur des Mephisto in Goethes Faust.

Macht und Moral

Stellen wir uns eine Waage vor: Auf der einen Seite liegt das Gewicht der Moral, auf der anderen Seite das Gewicht der Macht bzw. des Geldes. Die Waage wird sich mit wenigen Ausnahmen immer nach der Seite des Geldes senken – sonst wären wir im Garten Eden und vor dem Sündenfall. Jeder muss seine eigene Rechnung aufmachen, um das Gleichgewicht herzustellen. Es ist ein einsamer, langer, aber lohnender Denkprozeß, die Waage mit den Gewichten für sich selbst auszutarieren.

Was nun das Verhältnis von Macht und Moral angeht, wird es noch komplizierter. Wer mächtig ist, muss unmoralisch sein und möchte doch seine Unmoral gerne bemänteln. Der Mächtige will den Ohnmächtigen beweisen, dass seine Macht nicht nur groß, sondern auch gut ist. Teilweise gelingt ihm das, teilweise nicht. Es kränkt die Mächtigen immer, wenn man ihnen nachweisen kann, dass sie die Moral nicht auf ihrer Seite haben. Häufig lässt sich beobachten, dass eine Macht, die ihre moralische Legitimation verloren hat, in dem Bestreben, den Sündenfall zu vertuschen, zu immer unmoralischeren Mitteln greifen muss und sich so in einen Teufelskreis begibt, der schließlich das Ende der Macht einleitet. So kann die Moral ebenfalls zu einer Macht werden, vor der sich die Mächtigen schwer in Acht nehmen müssen. Eben deshalb ist es ihnen so wichtig, ihrer Macht einen moralischen Anstrich zu geben. Wer es versteht, die moralischen Ansprüche der Reichen und Mächtigen mit handfesten Projekten zu bedienen, kann viel Geld bewegen. Daher sagt Frank Wedekind: »Das glänzendste Geschäft ist die Moral.«

Ich habe zwar noch nie auf diese Art ein Geschäft mit der Moral gemacht, aber als ich bei den Banken meine Hochglanzprospekte vorlegte und die Wertbeständigkeit meiner architektonischen Juwelen pries, waren auch moralische Impulse im Spiel. Mein Traum war und ist bis heute der Denkmalschutz, und ich halte es allen Bedenkenträgern zum Trotz für die moralische Aufgabe eines jeden Menschen, seine Träume zu verwirklichen und seine Kräfte zur Entfaltung zu bringen.

Bei mir war es so: Ich wusste, dass meine eigenen Mittel zu bescheiden waren, um meinen Lebenstraum in angemessenem Umfang zu verwirklichen. Und außerdem hätte ich den Traum in seiner nackten Schönheit nicht verkaufen können. Ich musste ihn zuvor mit einem gekonnten Zahlenwerk umhüllen, einem Zahlenwerk, das, wie die höheren und mittleren Bankangestellten unisono vor Gericht bekannten, in Anbetracht der hochfliegenden Erwartungen, die meine Geschäftspartner mit mir teilten, in sich völlig plausibel geraten war. Unwahrscheinliche Wertsteigerungen, die ich unter meine Regie in Form von Kreditauszahlungen zu bringen suchte, galten ihnen durch Wertgutachten abgesichert.

Das ist übrigens ein Spiel, das die Banken auch in ihren eigenen Bilanzen betreiben; und deshalb kommt es von Zeit zu Zeit zu riesigen Wertberichtigungen, die als Sanierungsfälle Schlagzeilen machen, ohne dass die Öffentlichkeit ausreichend aufgeklärt wird, wie es zu den Verlusten kam.

Eben das war meine Spezialität: Ein ideelles Ziel zu verwirklichen, indem ich es als materielles verkaufte. Ohne die Sache jemals akademisch erlernt zu haben, wusste ich, wie man sein Gegenüber mit den eigenen Waffen schlagen kann. Auch darin liegt aus meiner Sicht eine gewisse Moralität: Denn wer verdiente es nicht, mit seinen eigenen Waffen geschlagen zu werden?

Von Mephisto lernen

In Auerbachs Keller in Leipzig, wo Goethe Faust und Mephisto einst zechen ließ, hängt ein Ölgemälde von Volker Pohlenz, das eine kaiserliche Audienz zeigt. Die Mephisto-Figur, die meine Gesichtszüge trägt, unterbreitet dort in ihrer Funktion als Hofnarr einen Vorschlag: Zur Auffüllung der von Kriegsausgaben gebeutelten Staatskasse solle der sächsische Kaiser Anteilsscheine auf ungehobene Bodenschätze ausgeben und sich in Gold bezahlen lassen. Offenbar sah der Künstler eine Parallele zu meinem Fall – denn auch ich habe Hoffnung verkauft und ließ auf diese Weise u.a. die Mädler-Passage, in der sich Auerbachs Keller befindet, aufwändig restaurieren. Mein Haupttrick lag in der Erkenntnis, dass der größtmöglichste Hebel der Geldbewegung in der Erzeugung und glaubhaften Präsentation von Hoffnungen liegt.

Wer andere dazu bewegen will, ihm Geld zu geben, muss ein Meister der Verheißung sein. Das kann man jedoch nur, wenn man an seine eigene Geschäftsidee aus tiefstem Herzen glaubt und zugleich die Hoffnungen seines Gegenübers kennt. Man muss sich der seelischen Dynamik bewusst sein, die bei jedem Geschäft im Spiel ist. Ob es ein gutes oder ein schlechtes Geschäft wird, weiß man vorher nie – man kann nur darauf hoffen. Also heißt die erste Mephisto-Lektion: Schüre die Hoffnung mit allen Mitteln, die dir zur Verfügung stehen. Aber sei dir der Tatsache bewusst, dass du damit an gewaltigen Kräften rührst, denen Du gewachsen sein musst und an denen du im Zweifelsfall zugrunde gehst.

Mephisto scheiterte mit seinem Vorschlag, das kaiserliche Reich ging unter. Mein Weg führte ins Gefängnis. Die Banken verloren ihr Geld – und zwar nicht nur das, was sie mir geliehen hatten, sondern auch das der unzähligen faulen Immobilienkredite, die peu à peu seit den neunziger Jahren in den Bilanzen der Banken als milliardenschwere Wertberichtigungen auftauchen und eine unübersehbare Spur von Finanzskandalen wie Holzmann, Bayrische Hypobank, LWS, Bankgesellschaft Berlin hinterlassen. Alle ihre Hoffnungen bauten auf den nachhaltigen Aufschwung Ost, und der erwies sich als ebenso trügerisch wie die Bodenschätze, die Mephisto auf dem Bild ins Spiel bringt.

Also lautet die zweite Mephisto-Lektion: Hüte dich vor den Mephistos dieser Welt und sei kritisch vor allem gegenüber deinen eigenen Hoffnungen. Sie könnten sich als Flop erweisen – deshalb solltest du deine Existenz nicht davon abhängig machen.

Preise und Werte

Jede Oma weiß: Ein Pfund Butter kostet zwei Mark. Wenn jemand zehn Mark dafür verlangt, stimmt etwas nicht. Der Fall ist klar. Wie aber verhält es sich mit den Spitzenhöschen von Marilyn Monroe, die von einem Liebhaber derartiger Memorabilien für mehrere hunderttausend Mark erworben werden? Der Wert dieser Sache ist ungewiss. Vielleicht hat der neue Besitzer der Spitzenhöschen einen Freund, der ihm das Doppelte dafür bietet, vielleicht landet das gute Stück irgendwann in der Mülltonne. Hier ist – wie im Beispiel der Butter – der Wert der Preis, den ein durchschnittlicher Käufer bereit ist zu zahlen. Bei der Butter gibt es einen großen Markt und einen dementsprechend unbeweglichen Wert, im Fall der Höschen einen sehr kleinen Markt und dementsprechend einen stark schwankenden Wert.

Besonders große Werte sind flüchtige Glaubensbekenntnisse in einer Religion ohne Gott. Der Fall der Telekom-Aktien, der Fall Holzmann, der Fall Hypobank und das Desaster am neuen Markt zeigen das. Bekannt ist, dass die Werte bei Aktien schnell nach oben oder unten ausschlagen können; noch nicht herumgesprochen hat sich, dass es sich heute bei Immobilien kaum anders verhält. Verführt durch die stetige Aufwärtsentwicklung, die der Immobilienmarkt vom Kriegsende bis zum Beginn der neunziger Jahre in Deutschland hatte, hat sich der naive Glaube gebildet, Immobilien seien sichere Werte. Aber in Zeiten schnell sich ändernder Marktbedingungen nimmt auch hier die Volatilität rapide zu.

Dabei sollte man sich nicht von Statistiken beeinflussen lassen. Selbst wenn die Statistik der durchschnittlichen Wertentwicklung einen stetigen Aufwärtstrend suggeriert, ist damit keineswegs ausgeschlossen, dass es gerade jetzt kräftig bergab geht.

Die Wertentwicklung von Immobilien in den verschiedenen Städten ist sehr unterschiedlich. Nehmen wir Frankfurt: Da sind bis 1994 die Büromieten in Spitzenlagen von 110 auf 40 Mark pro Quadratmeter heruntergesaust, um jetzt allmählich wieder den alten Stand zu erreichen. Anders dagegen in Leipzig: Als ich dort baute, lagen die Mieten bei 55 bis 60 Mark, jetzt sind es aufgrund des real existierenden Überangebots und der falschen Steuersparmodelle gerade noch 12 Mark. Welcher Gutachter hätte das ahnen können? Wieder einmal zeigte sich: Taxen sind Faxen. In Berlin lagen damals die Mieten in Bestlagen bei 120 Mark, zum Beginn des neuen Jahrtausends sind sie auf 40 Mark gefallen. Der Immobilienmarkt in München dagegen, wo wenig gebaut wurde, boomt; dort explodieren die Mieten, weil sich aufgrund des Standortvorteils viele Betriebe ansiedeln.

Hoffnung ist das beste Geschäft

Bei jedem Geschäft ist ein bisschen Hoffnung dabei, egal, ob man eine Krawatte kauft oder ein großes Bauvorhaben in die Wege leitet. Es werden nie nur Dinge verkauft, die man anfassen kann. Mit den Dingen sind Vorstellungen verbunden, und die Kaufentscheidungen fallen aufgrund der Vorstellungen. Deshalb muss man Werbung machen, und die besten Dinge finden keine Käufer, wenn die Werbung nicht stimmt.

Je größer der Hoffnungsanteil an einer Sache ist, desto besser läuft das Geschäft, das man damit machen kann. Da niemand von uns die Zukunft kennt, ist sie Gegenstand von Hoffnungen. Hoffnungswerte sind unbestimmt, deshalb kommt es auf das Verhandlungsgeschick an, welche Preise sich dafür erzielen lassen.

Geschäftspartner schließen Verträge ab aufgrund von Hoffnungen, sprich: Gewinnaussichten, die sie mit dem Geschäft verbinden. Deshalb hatte Herr Kopper (Vorstandssprecher der Deutschen Bank) völlig recht, als er in meinem Prozess 1997 vor Gericht sagte: »Unser Geschäft ist immer Zukunft.«

Mit Hoffnungen zu handeln bedeutet aber nicht automatisch, dass man zum Spekulanten wird. Das passiert erst, wenn man auf Gedeih und Verderb davon abhängt, dass die Hoffnung sich erfüllt – so wie mein Unternehmen davon abhing, dass die Konjunktur sich weiter aufwärts entwickelt oder zumindest nicht so tief abstürzt, wie es real geschehen ist.

Die Berliner Bank spekulierte unter der Aufsicht renommierter Volksvertreter unzulässigerweise so hoch auf eine nicht eingetretene Zukunft, dass sie in den Abgrund rauschte.

Der Holzmann-Konzern spekulierte in den achtziger Jahren ebenso wie ich zu risikoreich mit Immobilien. Als die Immobilienwerte dann unerwartet einbrachen, blieben die hohen Schätzwerte zunächst in den Bilanzen, weil man auf einen Aufschwung hoffte, der dann doch nicht kam. Schließlich musste abgewertet werden – und Holzmann war zu recht pleite, so wie ich auch. Diese Spekulation war tödlich, weil der spekulative, auf Hoffnung begründete Vermögensanteil zu groß war. Wie der Konzern dann entgegen allen Regeln der Marktwirtschaft und ohne Einschaltung von Staatsanwälten gerettet wurde – das kann jeden Spekulanten neidisch machen.

Selbstbetrug

Die Tragik des Schwindlers liegt darin, dass er sich zwangsläufig auch immer selbst betrügen muss – und Selbstbetrug ist anstrengend und zeitigt ungewisse Folgen. Die Chance ist groß, als verlassener Ehemann (oder -frau), betrogener Freund oder paranoider Eremit zu enden. Und wenn man erst einmal diesen Hang zum Selbstbetrug entwickelt hat, wird es schwer, aus dem selbstgebauten Irrgarten wieder herauszufinden.

Jeder trägt Verantwortung dafür, ob die Kultur des Mogelns und Tricksens sich ausbreitet oder ob ehrliches, auf die Zukunft angelegtes Wirtschaften an Boden gewinnt. Oder gehören Sie auch zu denen, die sagen: Verantwortung, ja bitte, nur wenn ich selbst nicht damit anfangen muss.

Statt Ihre guten Absichten lauthals zu proklamieren, könnten Sie zum Beispiel anfangen, sich ihrer kleinen – und großen –Schlechtigkeiten bewusst zu werden und überlegen, wie Sie allmählich Abstand davon nehmen können. Schon Epiktet sagte:»Wenn du gut sein willst, dann nimm zuerst an, dass du schlecht bist.«

Verfertigen Sie doch mal ein Verzeichnis Ihrer alltäglichen und speziellen Mogeleien.. Sie können es ja anschließend in den Tresor packen. Oder fangen Sie endlich mal an, öffentlich auszupacken. Denn es würde ja erheblich weniger gemogelt, wenn die Legion der Tricks und Kniffe bekannter wäre. Sie wären eine schwere Bürde los, und alle Beiträge zusammen hätten die Chance, ein ehrliches Wirtschaftsbuch zu füllen. Ertappen Sie sich beim Selbstbetrug, bevor andere es tun! Und wenn andere es tun: Gestehen Sie! Mich jedenfalls hat der Prozess vorm Landgericht Frankfurt unter Richter Gehrke erleichtert.

Ein Freund, ein guter Freund ...

Reichtum kann sich auf materielle und menschliche Werte beziehen.

Materieller Reichtum lässt sich zwar in Zahlen darstellen, die dennoch nicht besonders aussagekräftig sein müssen. Je größer der Reichtum, desto schwerer wird es auch, ihn zu sichern und das bedeutet – ebenso banal wie wahr –, dass mit den Reichtum die Sorgen wachsen. Ob man sich als reich oder arm definiert, ist immer eine Sache des Vergleichsmaßstabs. Für den einen sind 100.000 Mark viel, für den anderen fast nichts.

In der Regel gehört zum inneren Reichtum auch materieller Wohlstand. Allerdings gibt es seltene Ausnahmen : Menschen, die arm sind wie eine Kirchenmaus, und denen das Herz überquillt vor Güte, oder Menschen, deren Reichtum und Glück in der Geborgenheit und der Liebe einer Familie oder eines Menschen besteht.

Wer nach Reichtum strebt, sollte sich immer fragen, was ihm der Reichtum bedeutet. Manche wollen damit hohe Ziele verwirklichen, für die meisten symbolisiert der Reichtum Macht, andere betreiben es als Sport.

Es ist immer gut, wenn man weiß, wozu man Geld braucht. Mein persönlicher Weg führte zunächst vom Streben nach Geld, Macht und Ansehen zu der Idee, ganze Stadtkomplexe zu sanieren, dann über einen beeindruckenden Gerichtsprozess und Jahre des Nachdenkens im Gefängnis zurück in den Schoß der Familie und zu den wenigen Freunden. Bei all dem Auf und Ab begleitete mich allzeit ohne jeden Vorwurf ein Mensch ganz besonders: meine Frau. Sie fing mich auf und ist heute mein größter Schatz. So konnte ich Geld, Häuser und Ansehen verlieren und doch gleichzeitig einen Menschen gewinnen. Heute bin ich froh über die Härten, mit denen mich das Leben bis an diesen Punkt führte – denn ohne sie wäre ich längst ein toter Workaholic. Das wichtigste Kriterium des Lebens ist nicht, ob man reich oder arm ist, sondern ob man geliebt wird oder nicht.

Vielleicht wünschen wir uns alle ein Gesellschaftssystem, in dem moralische Macht mit ökonomischer einhergeht. In der Haifischwirtschaft sind beide nur durch einen inneren Spagat vereinbar. Gute Geschäfte können miteinander nur in einem Klima gedeihen, in dem menschlicher Anstand die geldwerten Faktoren überwiegt; bei schlechten Geschäften regiert immer die Geldgier.

Hinsichtlich Gewinn und Verlust gilt: Bei guten Geschäften nimmt man freiwillig für einen menschlichen Beziehungsgewinn im Zweifelsfall ökonomische Einbußen in Kauf. Bei schlechten Geschäften bezahlt der Täter einen kurzfristigen Gewinn mit einem langfristigen Verlust – an physischer und psychischer Gesundheit, an familiärer Geborgenheit, innerer Gelassenheit und Genussfähigkeit. Die Opfer schlechter Geschäfte bezahlen Lehrgeld für eine Erfahrung, die sie cleverer werden lässt, die Menschenkenntnis vertieft und möglicherweise ihnen beim nächsten Geschäft Vorteile gegenüber den Mitbewerbern verschafft.

Wie schwer sich all diese grundsätzlich richtigen Gedanken und Vorsätze in die Praxis umsetzen lassen, weiß ich aus eigener Erfahrung. Besonders, wenn es einem so leicht gemacht wird, glänzende Geschäfte auf dem Rücken der Partner abzuschließen, oder wenn man in existentieller Not und unter Termindruck keinen anderen Ausweg sieht, als mit anderen Schlitten zu fahren.

Als Ex-Unternehmer leiste ich es mir mittlerweile, »nur solche Geschäfte zu machen, bei denen ich nachts gut schlafen kann« (Thomas Mann). Ich habe Zeit zum Nachdenken und genieße den Rückhalt der Familie. Damit ist in erster Linie die biologische Sippe gemeint, aber auch die wenigen Freunde, die mir nach dem Sturz blieben oder seitdem neu in mein Leben traten. Zu dieser Sippe im weiteren Sinn gehören auch Geschäftspartner, mit denen ich gute Erfahrungen gesammelt habe – funktionierende Vertrauensnetzwerke und Wertegemeinschaften, in denen die verschiedenen Fähigkeiten und Eigenheiten der Mitglieder sich gegenseitig befruchten und der Geist der Übervorteilung augenblicklich als Irrweg erscheint.

Wenn wir anerkennen, dass in der Marktwirtschaft dschungelähnliche Zustände herrschen, folgt daraus, dass wir vor allem lernen müssen, zwischen Freunden und Feinden zu unterscheiden – als Unternehmer und als Kunden. Genau das ist es, was Tiere im Dschungel zum Überleben brauchen.

So lautet mein Rat: Bildet Banden, aber anständige, die euch halten, wenn ihr fallt.

»Ich bin ein Teil von jener Kraft, die stets das Böse will, und stets das Gute schafft.«

Mephisto; Faust I

Dirk Maxeiner
Michael Miersch
Das Mephisto-Prinzip
Warum es besser ist, nicht gut zu sein
192 Seiten · geb. m. SU
DM 34,– · öS 248,– · sFr 31,50
Ab 01.01.2002: € 17,90 (D)
ISBN 3-8218-1636-8

Der Weg zur Hölle ist gepflastert mit guten Absichten, sagt ein englisches Sprichwort. Anders formuliert: Eine gute Gesinnung schafft noch lange keine bessere Realität. Niedere Motive dagegen mögen zwar eine schlechte Presse haben, aber sie wirken oftmals überraschend segensreich. Dirk Maxeiner und Michael Miersch zeigen, wie aus purem Eigennutz genau das hervorgebracht wird, was die Gutmenschen dieser Welt immer wieder anmahnen: sozialer und ökologischer Fortschritt.

Kaiserstraße 66
60329 Frankfurt
Telefon: 069 / 25 60 03-0
Fax: 069 / 25 60 03-30
www.eichborn.de

Wir schicken Ihnen gern ein Verlagsverzeichnis.

Verdienen unsere Manager und Vorstände, was sie verdienen?

Rüdiger Liedtke
Wem gehört die Republik 2002?
Die Konzerne und ihre Verflechtungen
500 Seiten · broschiert
DM 49,80 · öS 364,– · sFr 46,–
Ab 01.01.2002: € 25,90 (D)
ISBN 3-8218-1559-0

Ob Piëch, Schrempp oder Sommer: Seitdem die Börsenkurse fallen, geraten immer häufiger die Qualitäten von Unternehmensvorständen und Managern in die Kritik. In der neuen Ausgabe seines Bestsellers nimmt Rüdiger Liedtke die Strategien zahlreicher Konzerne unter die Lupe.

Ein »unentbehrliches Nachschlagewerk für alle Anleger.«
(Euro am Sonntag)

Kaiserstraße 66
60329 Frankfurt
Telefon: 069 / 25 60 03-0
Fax: 069 / 25 60 03-30
www.eichborn.de
Wir schicken Ihnen gern ein Verlagsverzeichnis.